投資の王様

The king of investment

バフェットを超える
テッド・ウェシュラーの
驚異の投資方法に学べ

浅井 隆

第二海援隊

プロローグ

オマハの賢人とその弟子に学ぶ驚くべき投資法

投資の世界は「天国と地獄」の連続だ。株が上がった日は天国、下がった日は地獄。一喜一憂の日々と言ってよい。しかし、これではあなたの投資と人生は「労多くして益少なし」となってしまう。

今こそ、あなたの投資のやり方そのものを根本から革命しよう。今までの発想・戦略・ノウハウを、根こそぎ「まとも」で「まったく新しいもの」に変えてしまおう。

その際に一番参考になるのが、〝オマハの賢人〟ことウォーレン・バフェットとその弟子のテッド・ウェシュラーだ。この二人は手法が多少異なるとはいえ、共通しているのは「短期投資を一切しない」ということだ。調査と熟考を積み重ねて、驚くべき投資実績を上げている。バフェットは、長期投資と集中投資で一九六四年（東京オリンピックの年）に一ドル投資した場合、当時の価値で計算して二〇二二年には三万七八七五ドルにしてしまったし、弟子のウェシュラーは、個人退職勘定（ＩＲＡ）を運用して一九八九年の七万ドルを三〇年間で二億六四〇〇万ドルまでに殖やした。彼の考え方も、一般の短期売買とは正反対だ。「年に一回、優れた投資アイデアを思いつくことができれば、素晴らしい」（『選択』二〇二三年二月号）という同氏の言葉に、その思いが表れている。

今年に入ってからの世界的銀行不安も、彼らから見ると大チャンスなのだ。下がった時にしか、絶対に株を買わない。それを見事に実行する彼らこそ、まさに「投資の王様」だ。

では一体、彼らは実際に何をやっているのか。その秘密は本書で明らかにされるだろう。本書は、あなた自身を彼らと同じく「投資の王様」にするために書かれたのだ。まずは本書の扉を開いて、その驚くべき中身を覗《のぞ》いてほしい。

二〇二三年五月吉日

浅井　隆

プロローグ

第一章　バフェットのすごみ

第二章　暴落の歴史と教訓――株は下がった時にのみ買え

第三章　投資の哲学と技術
――マーケットという戦場で生き残るために

第四章　投資の王様となるために――短期投資は地獄への近道

エピローグ

※注　本書では一米ドル＝一四〇円、一香港ドル＝一七・五円で計算しました。

第一章　バフェットのすごみ

「投資の王様」は、誰？

過去や現在を通じて、世界には名立たる投資家が存在する。

投資の世界に精通していない方には馴染みのない面々だと思うが、一例を挙げるとすれば、バリュー投資の神様「ウォーレン・バフェット」、イングランド銀行を打ち負かした「ジョージ・ソロス」、ソロスの右腕、〝ブラック・ウェンズデー〟の実行役「スタンレー・ドラッケンミラー」、ディストレスト投資（危機に陥っている会社の株式や社債を安価で買い、その後再建などでそれらの価値が上がったところで売却して益を出す投資方法）の鬼才「ハワード・マークス」、テンバガー（株価が一〇倍になった銘柄、なりそうな銘柄のこと）の名付け親「ピーター・リンチ」、効率的市場仮説を実践で覆《くつがえ》した「ビル・ミラービル・ミラー」、伝説の先物トレーダー「ポール・チューダー・ジョーンズ」、コモディティ投機家の「ジム・ロジャーズ」、新興国ファンドの第一人者「マー

世界中の名だたる投資家たち（現在）

バリュー投資の神様	「ウォーレン・バフェット」
イングランド銀行を打ち負かした	「ジョージ・ソロス」
ソロスの右腕、ブラック・ウェンズデーの実行役	「スタンレー・ドラッケンミラー」
ディストレスト投資の鬼才	「ハワード・マークス」
テンバガーの名付け親	「ピーター・リンチ」
効率的市場仮説を実践で覆した	「ビル・ミラービル・ミラー」
伝説の先物トレーダー	「ポール・チューダー・ジョーンズ」
コモディティ投機家	「ジム・ロジャーズ」
新興国ファンドの第一人者	「マーク・モビアス」
破滅博士の異名を取る	「マーク・ファーバー」
世界最大のヘッジファンド運用者	「レイ・ダリオ」
サブプライムバブルを的確に予期した	「カイル・バス」
リーマン・ブラザーズの矛盾を突いた	「デービッド・アインホーン」
“世紀の空売り”のモデル	「マイケル・バーリ」
フェイスブックを発掘した	「ピーター・ティール」
著名アクティビスト（物言う株主）	「ビル・アックマン」

ク・モビアス」、破滅博士の異名を取る「マーク・ファーバー」、世界最大のヘッジファンド運用者「レイ・ダリオ」、サブプライムバブルを的確に予期した「カイル・バス」、リーマン・ブラザーズの矛盾を突いた「デービッド・アインホーン」、〝世紀の空売り〟のモデル「マイケル・バーリ」、フェイスブックを発掘した「ピーター・ティール」、著名アクティビスト（物言う株主）の「ビル・アックマン」といったところだろうか。

また過去にも、ワーテルローの決戦で英国債を買った「ネイサン・ロスチャイルド」、〝狂騒の二〇年代〟の最終局面で空売りした「ジェシー・リバモア」、大恐慌を売り抜けた「ジョセフ・P・ケネディ」、最後の相場師と呼ばれた「是川銀蔵」、バフェットが師と仰ぐ「ベンジャミン・グレアム」、〝遠くの戦争は買い〟と言い放って成り上がった鉄鋼王「アンドリュー・カーネギー」といった大物投資家が数多く存在している。

アメリカの経済専門番組「ＣＮＢＣ」などは定期的に投資家ランキングなるものを発表しているが、過去と現在から一名だけ「投資の王様」を選ぶとすれ

世界中の名だたる投資家たち（過去）

ワーテルローの決戦で英国債を買った
「ネイサン・ロスチャイルド」

“狂騒の20年代”の最終局面で
空売りした
「ジェシー・リバモア」

大恐慌を売り抜けた
「ジョセフ・P・ケネディ」

最後の相場師と呼ばれた
「是川銀蔵」

バフェットが師と仰ぐ
「ベンジャミン・グレアム」

“遠くの戦争は買い”と言い放って
成り上がった鉄鋼王
「アンドリュー・カーネギー」

ば、皆さんは誰を挙げるだろうか。もちろん、一口に〝投資〟と言ってもそのスタイルは十人十色なわけで、一人だけを選出するのは難しい。それでも少なくない人が、ウォーレン・バフェットの名前を挙げるのではないだろうか。

投資に詳しくない人でも、ウォーレン・バフェットという名前は一度くらい聞いたことがあるだろう。米ネブラスカ州オマハに生まれ、大富豪になった現在もそこでこぢんまりと暮らしている、言わば、信念ある老齢の投資家だ。二〇二三年四月に来日した際、大きな話題となったことも記憶に新しい。

そのバフェットは、まさに「投資の王様」と呼ぶにふさわしい驚異的なリターンを現在までに叩き出している。二〇二三年五月四日付の米ウォール・ストリート・ジャーナル紙は、「五年ごとに良い判断を下すのがバフェット流の成功フォーミュラ（法式）だ」と分析した上で、「バフェットがバークシャー・ハサウェイを率いた五八年間の中で正しい判断はおよそ一二回あり、投資リターンは驚異の三七八万七四六四％に達した」と報じた。

もう一度、書こう。「三七八万七四六四％」である。バフェットがバークシャー・ハサウェイを買収した一九六四年、同社の株価は一九ドルであったが、もしこの株を一〇〇〇ドルだけでも買っていたとしたら、現在は約三七八七万四〇〇〇ドルにまで大化けしたということになる。日本円にして、およそ一三万円が五〇億円にまで膨らんだ計算だ。にわかには信じがたい数字だが、これは現実に起きたことである。

今年（二〇二三年五月時点）で九二歳にもなるバフェットだが、現在もなおバリバリの機関投資家として辣腕《らつわん》を振るっており、堅調なリターンを生み出している。もはや、〝鉄人級の投資家〟と言ってよい。

ちなみに、「オマハの賢人」と称されるバフェットが生まれたのは一九三〇年八月三〇日だが、その日から遡《さかのぼ》ること一八日前にもう一人の天才が生を授かっている。前出した投機家、ジョージ・ソロスだ。バフェットとソロスの投資スタイルはまったく異なるが、この二人の伝説的な超人は、長寿な上に今も現役で活動している点などで共通している（もしかすると、投資は健康長寿に資《し》するのかもしれない）。

さて、本書の最大の目的は「この本を手に取ってくれた一人ひとりに『投資の王様』を目指してほしい」というものだが、中には「高齢だから投資はもう遅いでしょ」と思い込んでいる人もいるはずだ。そんな人にこそ、本書は勇気を与えたい。というのも、バフェットが保有する莫大な財産のほとんどは、自身が高齢になってから築かれたものだからである。

米フォーブス誌の世界長者番付（二〇二三年版）によると、世界五位の富豪であるバフェットの保有資産は一〇六〇億ドル（約一四兆八四〇〇億円）。このうちの、実に九割以上を稼いだのはバフェットが六五歳を越えてからなのだ。

今年で六九歳の私も常に思うが、何かを始めるのに遅過ぎるということはない。「この本を読んだが吉日」と思って、投資の世界で一念発起しようと考えても結構ではないか。その点、鉄人クラスの投資家であるバフェットからは学べることがたくさんある。私もバフェットを見習い、現状に満足することはせず、第二の人生でもどんどん財産を殖やして行こうと決心する次第だ。

ところで私は、バフェットとの間に不思議な縁がある、と思っている。とい

バークシャー・ハサウェイ株とS&P500種指数のリターン

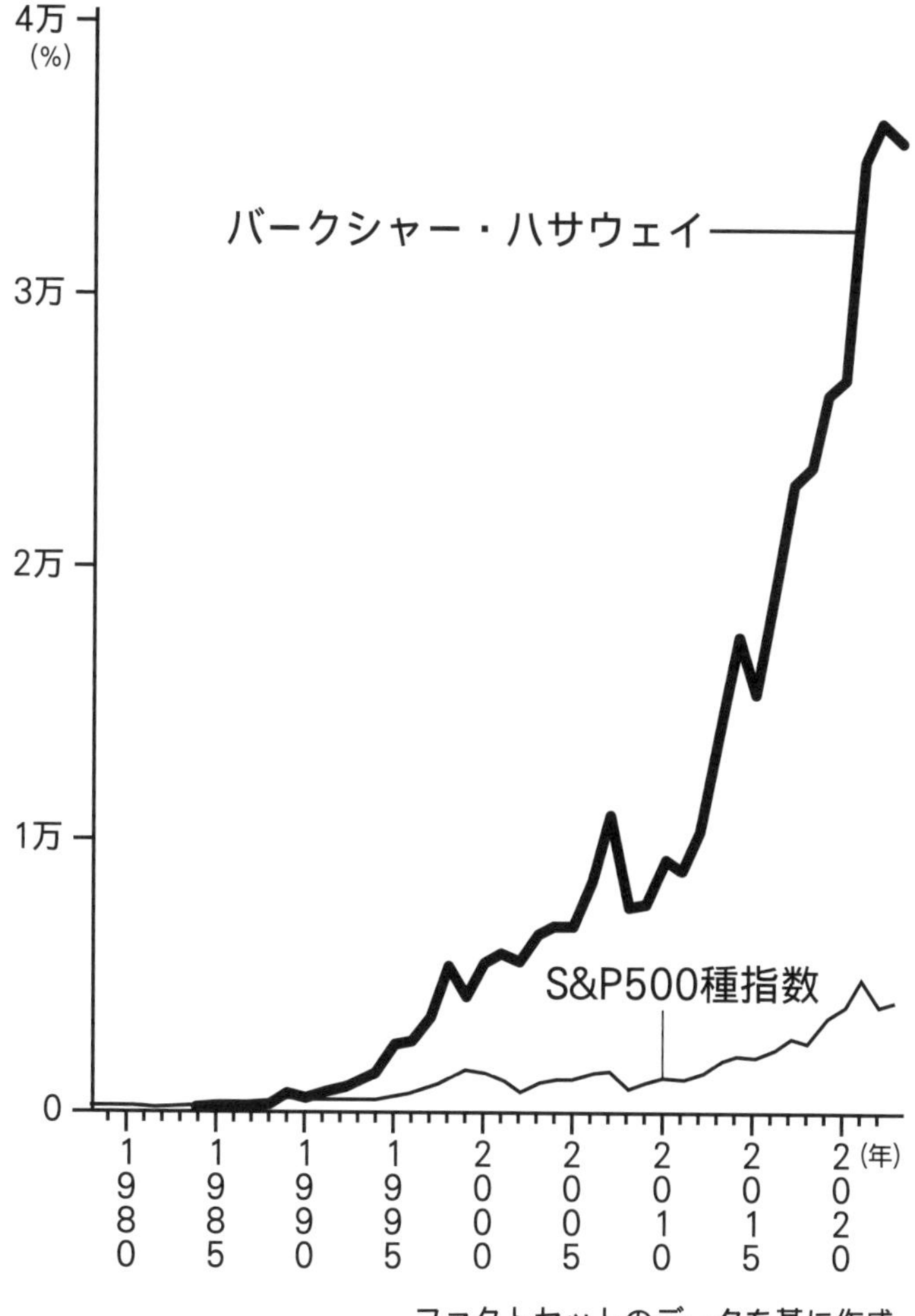

ファクトセットのデータを基に作成

うのも、私が毎日新聞の報道カメラマンをしていた頃、米ネブラスカ州オマハを訪れたことがあるからだ。私は当時、なけなしの貯金をはたいてネブラスカ州オマハにあるアメリカ戦略空軍司令部や核戦争用の空飛ぶ司令部を取材していた。今でこそ〝バフェットが暮らす街〟として全国区の知名度を有するに至ったオマハだが、当時は単なる辺境の地でしかなかった。その時の私は現在ほど投資の世界に精通していなかったが、取材した一九八六年の時点で僻地《へきち》のオマハに行ったことがあるということが、彼との多生の縁を感じさせるのである。しかも偶然か、バフェットの快進撃はその一九八〇年代から始まったのだ。

次項からは、そんなバフェットのこれまでの軌跡を振り返り、そこから「投資の王様」になるためのエッセンス（真髄）を学んで行きたい。

「投資の王様」バフェットは、幼い頃からビジネスマン

バフェットは、一九三〇年八月三〇日に米ネブラスカ州オマハでユグノー系

のハワード・バフェットとレイラ・バフェットとの間に生まれた。

彼は、早くも六歳の頃からビジネスを始めている。祖父からコカ・コーラの六本パックを二五セントで買い、それに一本当たり二〇％上乗せした値段（五セント）でばら売りし、そこで得た利益の大部分を蓄えた。その他、チューインガムを売り歩いたり、新聞配達をしたり洗車をしたりと、多数のビジネス（アルバイト）を少年時代から経験している。七歳のクリスマスには、サンタクロースに「債券についての本」をプレゼントしてくれるようにお願いしている。

ちなみに、バフェットは九二歳の今もコカ・コーラが大好きで、同社の大株主であるばかりでなく一日五本のコーラを飲み、「私の四分の一はコカ・コーラでできている」と豪語するほどだ（余談だが、彼はチェリーコークを最も好む）。

幼い頃のバフェットは、上記以外にもワシントン・ポストの配達、ゴルフ場のボール拾い、競馬の予想新聞の販売などを行なってお金を貯めた。

そして、一〇歳で転機を迎える。証券業を営んでいた父とニューヨークを旅することになった後は、そこでニューヨーク証券取引所の関係者とランチを取る機会に恵まれた。そこで、オーダーメイドの葉巻を吸う金融関係者の姿を見て「これこそ、自分が目指すべき高みだ」と思い、その後の人生をお金を稼ぐことに捧げると決めた。

そうして、初めて株を買ったのは一一歳の頃。姉のドリスと共に「シティ・サービス」の優先株を一株三八ドルで三株購入した。だがその後、その株は一株二七ドルまで下落した。バフェットは、一緒に買った姉に対して責任を痛感し、一株四〇ドルまで値を戻したところで売却したが、なんとシティ・サービス株は長期的に上昇し続け、その後二〇〇ドルにまでなったという。バフェットによると、「これは人生で最も重要な経験であり、次の三つの教訓を学んだ」と後に述懐している。

一、買った時の株価にこだわってはいけない。
一、よく考えることなく小さな利益を得ようと急いではいけない。
一、他人のお金を使って投資するのは慎重でなくてはならない。

バフェットが一二歳の頃、父が下院議員に当選したためワシントンD・C・

に引っ越すことになったが、バフェットは新しい生活になじめず、祖父の家からオマハの学校に中学二年まで通うことになった。一三歳の頃には自転車を仕事の経費として控除し、初めて所得税を申告したという。中学では飛び級をしたが、一つ上の友達とうまくなじめなかった。また、成績は芳《かんば》しくなかったが多くのアルバイトは継続。新聞配達、使用済切手や中古車の販売、馬場を採算の取れる公園に整備する仕事などをしていたという。

中学を卒業したバフェットは、ワシントンD．C．に戻り高校へ進学した。高校三年の時、友人と中古のピンボールを一台二五ドルで購入し、それを理容店に置くというビジネスを始める。このビジネスは最終的に週五〇ドルの利益を稼ぎ出すまでに成長し、最後には一二〇〇ドルで退役軍人に売却した。

こうして、一六歳の頃までに現在の価値にして五万三〇〇〇ドル（約七四二万円）を貯めている。だが、一六歳でハーバード大学ビジネス・スクールを受験したが不合格となった。自信満々だったバフェットは、面接の結果が出る前から友人に「一緒にハーバードに行こう」と話していたといい、後に「見た目は一六歳でも、精神年齢は九歳くらいだった」とバフェットは語っている。

他を探す必要に迫られたバフェットは、著名な証券アナリストであり『賢明なる投資家』の著者、ベンジャミン・グレアムとデイビッド・ドッドがコロンビア大学で教職に就いていることを知り、入学を希望した。コロンビア大学の入試は応募書類を提出すればよく、面接はなかったという。なんとかコロンビア大学に落ち着き、そこで本格的に投資を学んだ。このベンジャミン・グレアムとの出会いが、バフェットの運命を大きく変えることになる。

「バリュー投資の巨人」ベンジャミン・グレアムとの出会い

ここで、バフェットが師と仰ぐベンジャミン・グレアムについて簡単に触れておきたい。バフェットを理解するには、まずはグレアムを知る必要がある。

バフェットをして「師をはるかに超越した存在」と称した、経済学者で投資家であるベンジャミン・グレアムは「バリュー投資（割安株投資）の父」と言われ、もしバフェットがこのグレアムから学んでいなければ、今の地位を確立できていなかったはずだ。バフェットはグレアムの投資原則を引き継いだ一番の弟子であり、自分の長男にハワード・グレアム・バフェットという名前まで付けている。いかにグレアムを尊敬しているかがわかる逸話だ。

そのグレアムは、一九二九年の大恐慌をきっかけとして投資の世界でイノベーション（革新）を起こすに至る。昨今の米国株の強さからは想像できないかもしれないが、一九二九年に始まった大恐慌は米国株を暗黒の二〇年とも言える状況に追いやった。アメリカを代表する株価指数ニューヨーク・ダウ平均（以下ＮＹダウ）は、一九二九年一〇月のブラック・サーズデーで暴落を開始、一九三二年にようやく底を打つのだが、その間の下落率は戦慄の八六％だった。そして、その後は長期にわたって低迷し、ＮＹダウが暴落前の高値を超えたのは一九五四年一一月であった。

独立系の投資会社で社長を務めていたグレアムは、狂騒《きょうそう》の二〇年代とそれに続いたブラック・サーズデーにおいて、極めて良好なリターンを残している。

バブルに乗っかるだけ乗っかって、一九二九年には「そろそろ引き時だな」と感じたようで空売りまで仕掛けた。

と、ここまで絶好調だったグレアムは、この後に大きな失敗をしてしまう。一九二九年の株価暴落においては空売りで大きな利益を出したが、翌年になると「すでに株価は下がった」と判断し、積極的に買い進むようになった。NYダウは一九三〇年初から春にかけて反発したがその後は失速、結果的に暴落の憂き目に遭う。NYダウは、一九二九年八月の高値から一九三二年六月の底値までマイナス八六％になったが、グレアムもその過程で総資産の七割を失ってしまった。

グレアムは後悔の念に駆られたが、そこで投資をあきらめることはせず、さらなる研究に乗り出す。そこでグレアムが着目したのは、「財務諸表の分析」であった。そして、そこから「バリュー投資」が生まれる。

このバリュー投資とは、短期の株価の変動にとらわれることなく、財務諸表を分析することによって企業の本質的な価値を測ることに時間をかけて価値

過去のバブル崩壊における米国株の下落率

1. 大恐慌	1929年8月〜1932年6月	▲86%
2. ルーズベルト・リセッション	1937年2月〜1938年3月	▲53%
3. 動乱の1968年	1968年11月〜1970年6月	▲33%
4. アーサー・バーンズの暴走（スタグフレーション）	1972年12月〜1974年9月	▲46%
5. ブラックマンデー	1987年8月〜1987年11月	▲34%
6. ドットコム・バブル崩壊	2000年3月〜2002年10月	▲49%
7. サブプライムバブル崩壊（リーマン・ショック）	2007年10月〜2009年3月	▲56%
8. コロナショック	2020年2月〜2020年3月	▲34%

（バリュー）を割り出し、割安になっている株を買うという手法だ。

そして一九三四年、グレアムはバリュー投資の理論を詳述した大著『証券分析』を出版する。そこから、彼の快進撃が始まった。グレアムの投資会社は、一九三六年からの二〇年間で平均二一％ものリターンをもたらしたのである。

これは余談だが、同様の手法を見出した人物は他にもいた。イギリスの著名経済学者ジョン・メナード・ケインズである。ケインズは「チェスト・ファンド」（ケインズの母校である英ケンブリッジ大学の資金運用勘定）の運用責任者を務めていたが、これは一九二八年に運用を開始し、当初はケインズが生んだ「美人投票理論」（群集心理）に基づいて投資することで成功を収めたが、グレアムと同じく大恐慌で大きく落ち込んでしまった。

そこでケインズは、美人投票理論とは対照的に大恐慌で叩き売られた株式を買いあさり、一〇年単位という長期で保有することを志した。結果的にケインズが担当したチェスト・ファンドは、一九二八年から（同氏が運用担当から外れた）一九四五年までの年率リターンにおいて一三・二％を記録した。同期間の英国証券市場のパフォーマンス（年率リターン）はマイナス〇・五％であったことからもわかるように、ケインズのそれは驚異的なパフォーマンスであったと言える。

グレアムに話を戻そう。グレアムは、『証券分析』に続いて一九四九年に『賢明なる投資家』を出版しているのだが、これこそが投資の世界に革新をもたらした。というのも、『賢明なる投資家』の方が『証券分析』に比べてより個人投資家に向けられた内容だったからである。バフェットも「歴史的に見ても最高の書籍」と最大の賛辞を贈った。この『賢明なる投資家』の中から、個人投資家の参考になる有名な言葉を三一ページにいくつか紹介しておこう。

さて、大学生のバフェットは憧れのグレアムの下で働きたいと思い志願するが、最初は雇ってもらえなかった。グレアムは、バフェットがユダヤ人でなかったため雇わなかったのである（当時、ユダヤ人が金融で仕事を見付けるのは難しく、グレアムはそうしたユダヤ人のためにポストを取っておこうとした）。ところがバフェットは、グレアムの「ノー」を受け入れず、その後も雇ってもらえるまでグレアムに自身のアイデアを提案し続けたという。その後、紆余曲折を得て一九五四年にグレアムより電話でパートナーシップとして仕事の誘いがあり、資産運用会社グレアム・ニューマンに証券アナリストとして入社した。

こうして、バフェットの本格的な金融マンとしてキャリアが始まったのである。その後のバフェットは、生涯の盟友であるチャーリー・マンガーとの出会いやバークシャー・ハサウェイの買収など多くの転機を迎えるが、あまりにもストーリーが多岐にわたってしまうため、この本では触れない。

次項からは、私たち個人投資家にとっても参考になるであろう、バフェットの投資アイデアや彼の人物像について紹介して行こう。

大好きな「コカ・コーラ株」を買う

ベンジャミン・グレアムを師と仰ぐバフェットは、口癖のようにいつもこう言っている――「素晴らしい会社をまずまずの価格で買う方が、まずまずの会

名著『賢明なる投資家』に学ぶ投資格言

■「過去57年間を振り返れば、何らかの慰めを得ることができる。世界を揺るがすような時代の浮き沈みや悲惨な出来事にもかかわらず、堅実な投資原則に従えば概して手堅い結果を得られるという事実は、常に変わることがなかった」

■「株式仲買人や投資サービス業に従事する人々は、相場予測に十分な注意を払わなければならないという原則に凝り固まっているように思える」

■「現在の収益と目先の見通しは悪くても将来の状態を冷静に評価すると、現在の価格よりもはるかに高い価値を示すことがある。以上のことから、市場が低迷している時期にこそ勇気を持つことがいかに賢明かということが経験だけではなく、信頼できる価値分析法によっても証明できる」

■「過去50年以上にわたる経験と市場観察によれば、『テクニカル・アプローチ』によって、長期にわたり利益を上げた者などひとりもいない」

■「感情は規律でコントロールする必要がある」

■「長期的に将来の収益を予測するというゲームにおいて、それを得意とするプロのアナリストを打ち負かせるだけの洞察力や予言力を持っていると胸を張って言える積極的投資家が、一体どれくらいいるだろう？」

社を素晴らしい価格で買うよりずっといい」。バフェットは、自身の発するこの言葉を着実に実践しており、自身の思う質の高い企業が一時的にツキに見放されているタイミングでその株を買うことでよく知られている。

その代表例が「コカ・コーラ」だ。バフェットが初めてコカ・コーラの株式を買ったのは一九八八年のことだが、そこから一九九四年まで段階的に買い進めている。費やした金額は一三億ドルで、約四億株も買った。現在もバフェットはコカ・コーラ株を持っており、保有期間は三四年とバークシャー・ハサウェイのポートフォリオでも最長となっている。ちなみに、一九九四年以降は同社の株を買い増すことはしていない。

最初にコカ・コーラ株を買った年にバークシャーは、コカ・コーラから七五〇〇万ドルの配当を得たが、二〇二二年には七億四〇〇〇万ドルにまで配当収入が膨れ上がった。また二〇二二年末時点の時価も二五〇億ドルと、当初の一三億ドルからおよそ二〇倍にまでなっている。このコカ・コーラ投資にこそ、バフェットの思考法が最もわかりやすく現れていると言ってよい。

まず、コカ・コーラ社のビジネスモデルが極めてわかりやすい点だ。バフェットはかつて「株を買うなら、バカでも経営できるほどよいビジネスをしている会社の株を買うようにしましょう」と語ったことがあるが、コカ・コーラ社のビジネスモデルは炭酸飲料を世界中で販売するという、いたって単純なものである。

次に、自身がコカ・コーラのファンであるという点。バフェットは投資基準の一つとして、「Circle of Competence」（能力を発揮できる範囲）を挙げるが、自分が投資先の事業について正しく理解しているかどうかが重要だというのだ。

さらには、その株が他の人から見捨てられているかという点。バフェットは、リーマン・ショック直後の二〇〇八年一〇月一六日、米ニューヨーク・タイムズの紙面に「私の買い方はシンプルなルールに基づいている。それは、他の人が貪欲な時は恐れを抱き、他の人が恐れを抱いた時は貪欲になることだ」と記した。実は、バフェットがコカ・コーラ株を買い進めた一九八〇年代終盤から一九九〇年代にかけては、コカ・コーラ社が迷走していた時と重なる。

というのも、一九八〇年代のコカ・コーラ社は新興勢力ペプシの猛追を受けており、それで焦りを感じたのか、一九八〇年に就任した新しい会長ロベルト・ゴイズエタが不可侵とされたコーラの味を刷新し、「ニュー・コーク」なるものを売り出すに至ったのだ。これが大失敗し、従来の顧客は味の変更に猛反発して売り上げは激減、株価も沈んでしまった。バフェットの目には、そんな迷走するコカ・コーラ社の株価が魅力的に映ったのだろう。

ところで、バフェットは一九九〇年代以降にコカ・コーラ株を一株たりとも買い増していないが、その理由を明らかにしていない。しかし、バフェット通の間では〝高値づかみ〟を避けようとする同氏の姿勢が影響していると目されている。バフェットは、一九八三年の株主への書簡にこう記していた――「投資家にとっては、優れた企業の株式を高過ぎる価格で取得すれば、その後一〇年の事業好調の影響を台無しにしてしまう恐れがある」（ウォール・ストリート・ジャーナル二〇二三年五月五日付）。

バフェットは、このコカ・コーラ株の取得と同様のやり方で、ディズニー、

料金受取人払郵便

神田局
承認

1048

差出有効期間
2025年6月
30日まで

[切手不要]

郵便はがき

101-8791

503

千代田区神田駿河台2-5-1
住友不動産御茶ノ水ファーストビル8F
㈱第二海援隊
「浅井隆特別講演会」担当 行

2023年下半期 浅井隆 特別講演会 申込書

●ご希望のものに印をお付け下さい		参加人数
講演会 ご参加	□ 9/29 大阪　□ 10/6 東京 □ 10/13 福岡　□ 10/20 名古屋	名

お名前	フリガナ	男・女	年　月　日生 歳

●送付先住所をご記入下さい			
ご住所	〒		
TEL		FAX	
e-mail			

ご記入いただいた個人情報は、書籍・レポート・収録ＣＤ等の商品や講演会等の開催行事に関する情報のお知らせのために利用させていただきます。

《お問い合わせ先》　㈱第二海援隊 担当：稲垣・齋藤
TEL：03-3291-6106 ／ FAX：03-3291-6900
URL http://www.dainikaientai.co.jp　e-mail info@dainikaientai.co.jp

日本の五大商社の株価騰落率

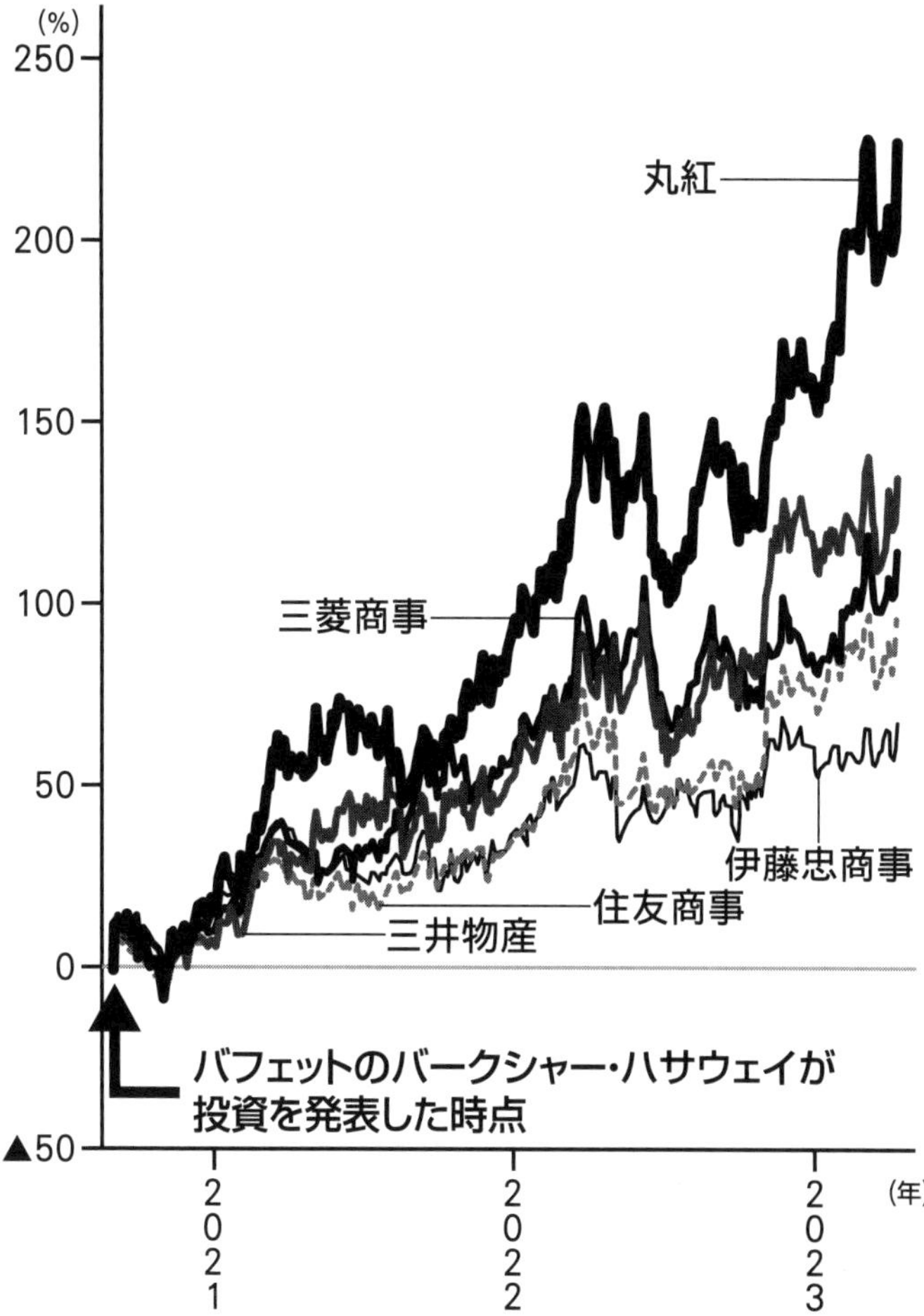

ファクトセットのデータを基に作成

アメリカン・エキスプレス、ソロモン・ブラザーズ、ゼネラル・エレクトリック、ゴールドマン・サックスといった株を買った過去がある。

君子（バフェット）豹変す！「アップル株」を爆買いして大儲け

「自分がその会社を理解できない株には投資しない」という大原則を持つバフェットは、少し前までＦＡＡＮＧ（フェイスブック、アップル、アマゾン、ネットフリックス、グーグル）に代表される、いわゆる〝ハイテク銘柄〟を敬遠してきた。自身が事業内容を理解できないばかりか、ボラティリティーが高い（価格の変動が激しい）ことも、ハイテク関連を嫌った理由の一つであったという。そんなバフェットが、二〇一六年に突如として考えを変えた。突如、アップル株の購入に踏み切ったのである。なぜ考えを変えたかについては、バフェットの補佐役で投資マネジャーのトッド・コーム、テッド・ウェシュラー両氏のいずれかの考えによって実施されたというのが真相のようだ。

バークシャー・ハサウェイの保有上場株

(単位：億ドル)

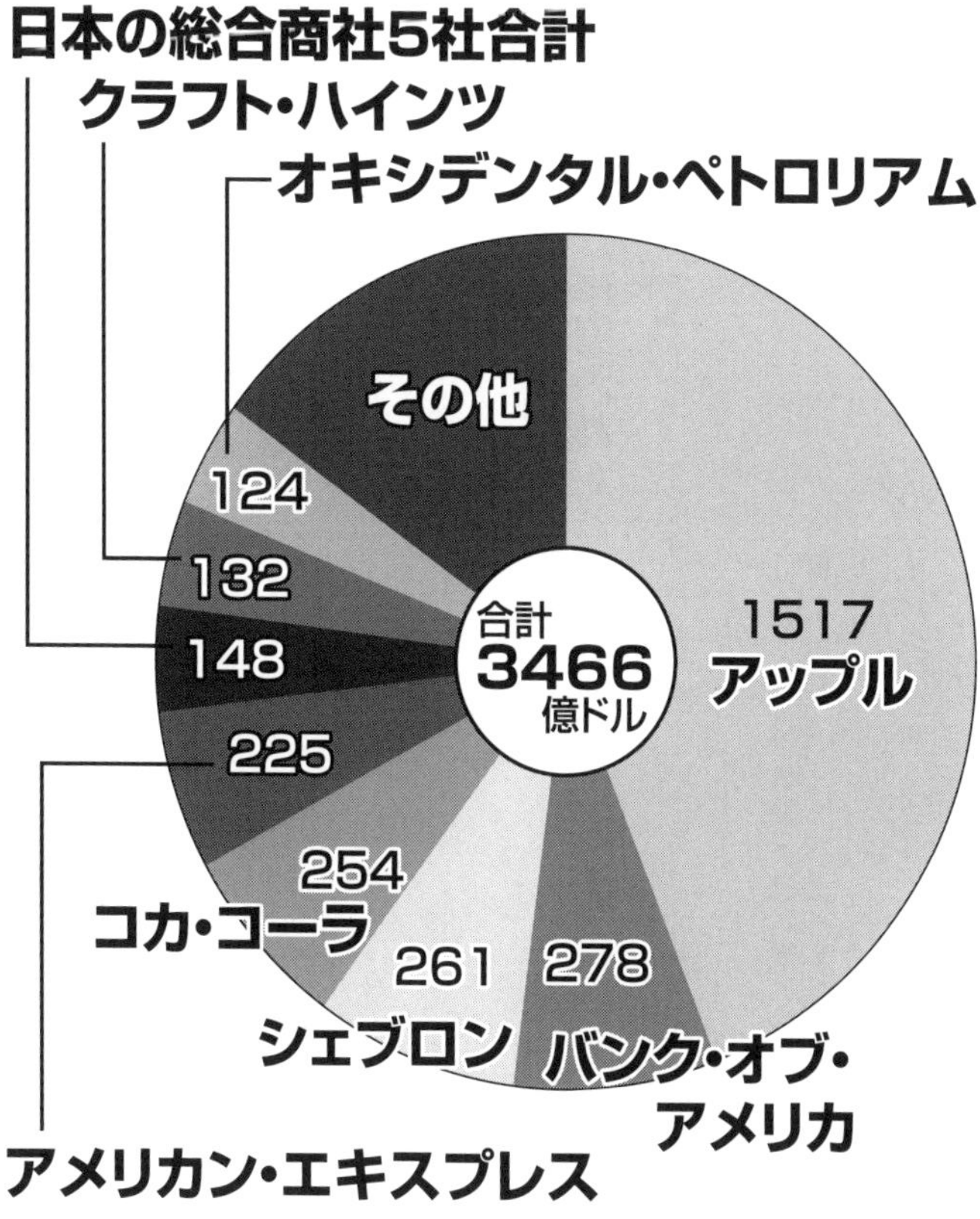

開示資料に基づきアメリカは2023年5月4日、日本は2日時点の株価で計算

日本経済新聞のデータを基に作成

バフェットは、二〇一六年三月に一株当たり九九・四九ドルでアップル株を購入。その後も複数回にわたって買い増しを続け、現在アップル株は時価総額ベース（二〇二三年五月時点で一五一七億ドル、約二一兆二三八〇億円）でバークシャーの最大の保有銘柄となっている。同時点でバークシャーのポートフォリオは年初から堅調な上昇を見せているが、同社の株式ポートフォリオの約半分を占めるアップルの株価が年初から三九％上昇したことが一因だ。同時点のアップルの株価は一七〇ドル台。バフェットは、最近の株主総会や株主への手紙などでアップル株を「お気に入り銘柄」の一つとして紹介している。

二〇二三年五月六日に開かれたバークシャーの年次総会で、バフェットがアップルについてコメントしているので紹介したい。バフェットの投資スタンスが明瞭に語られている。

「アップルは、たまたま私たちが所有するどの企業よりも優れたビジネスだったのです」（そのようにバフェットはアップルについて語り、同社のお客はiPhoneを手放すぐらいなら二台目の車を手放すだろうと示唆《しさ》した）

「もしあなたがアップルのユーザーだとして、誰かがあなたのiPhoneを取り上げ、二度と購入できないようにするという条件で一万ドル与えることを持ちかけても、あなたはその大金を受け取らないだろう。iPhoneは、非常に価値のある道具です。これほど多くの人を幸せにし、人々の役に立つ素晴らしいものを所有することはできないものです」

「iPhoneを見ても、私には中にいる小さな男性が何をしているのかわかりません。私には技術的な側面はまったくわからないのです。でもネブラスカ・ファニチャー・マート（北米で最大の家具、電化製品、電子機器を販売する店）では、アップル社の製品を手にできないならば人々は店を去り、他店に行ってしまうのです」

中国EVに先見の明。しかし台湾有事のリスクには勝てず

続いては、中国ＥＶ（電気自動車）最大手ＢＹＤ（比亜迪《ビーヤーディ》）だ。バーク

シャー・ハサウェイのポートフォリオは米国株が中心のため、中国株（BYDは香港に上場）への投資は珍しいケースである。

今でこそEVは世界の自動車市場を席巻《せっけん》しつつあるが、その兆候がほぼ皆無であった二〇〇八年九月、バフェットは中国の新エネルギー車（NEV）市場が持つ潜在性を評価し、BYDの株式二億二五〇〇万株を一株八香港ドル（約一四〇円）で購入した。余談だが、この時バフェットの親しい友人の一人であるビル・ゲイツもBYDに投資している。

BYDの設立は一九九五年二月、従業員約二〇人の小さな町工場からのスタートであった。設立当初は電池の生産や携帯電話の組み立てなどを手掛けていたが、二〇〇三年に自動車分野に参入する。ただし、「トヨタ自動車のコピー」と揶揄されるなど、二〇〇〇年代のBYDへの市場評価は決して高いものではなかった。

しかし、海外の自動車メーカーに学びながら人員を増強し、技術やデザインを磨いたことで徐々に新興勢力として台頭して行く。二〇〇〇年代のBYDについては「高いクルマを買えない人が買うイメージ」（安さだけが取り柄《え》）との評価であったが、二〇一〇年代に投入した車名に中国の歴代王朝の名を冠した車種「王朝」シリーズがヒット。徐々に「コストパフォーマンスの良いクルマ」へとイメージが変わり、認知度が上がって行った。

今では日本、東南アジア、欧州など四〇ヵ国でＥＶを販売、車載電池や半導体、シートまで一貫した自社生産が強みで約五万人の技術者を抱える。二〇二三年のＥＶ販売計画は三〇〇万台と、二〇二二年に世界一のＥＶ販売台数を記録した米テスラを超える意気込みだ。

何よりすごいのが、ＢＹＤの株式時価総額が二〇二二年に独フォルクス・ワーゲンを抜き、米テスラ、トヨタ自動車に次ぐ世界第三位に浮上したことである。かねてからＢＹＤの創業者は、「ＥＶ業界のトヨタになりたい」と事あるごとに言ってきたが、そのトヨタ自動車もＢＹＤのすごさを認識したのか、二〇二〇年からＢＹＤと共同開発に乗り出し、現在は協業をより深化させている模様だ。

バフェットは、二〇二二年八月二四日に初めてそのBYD株の一部を売却している。その時点の株価は約二六三香港ドル（約四六〇〇円）で、バークシャー・ハサウェイが保有する株の時価総額は当初の約六六億円から約一兆七一八億円と、これまた大化けした。その後も、段階的にこのBYD株を売り抜けている。

ちなみに、BYDの二〇二二年の決算は史上最高の内容だった。二〇二二年の売上高は前年比九六・二％増の四二四〇億六一〇〇万元へと倍増したのである。BYD株を売り進めるバフェットは、四月一二日に東京で行なわれた米CNBCとのインタビューで、BYDについて「卓越している」と称賛した。

では、なぜバフェットがそのBYD株を積極的に売り抜けているのか。その原因は、「地政学」にある。具体的には、台湾有事を恐れてのことだ。その証拠にバフェットは、台湾の半導体の受託生産世界最大手TSMC（台湾積体電路製造）の株式も同時に売却している。「TSMCはこの分野で圧倒的な利益を生む最大のビジネスで経営状況もよいが、（バークシャーが本社を置く米ネブラス

中国の新車販売台数のメーカー別シェア

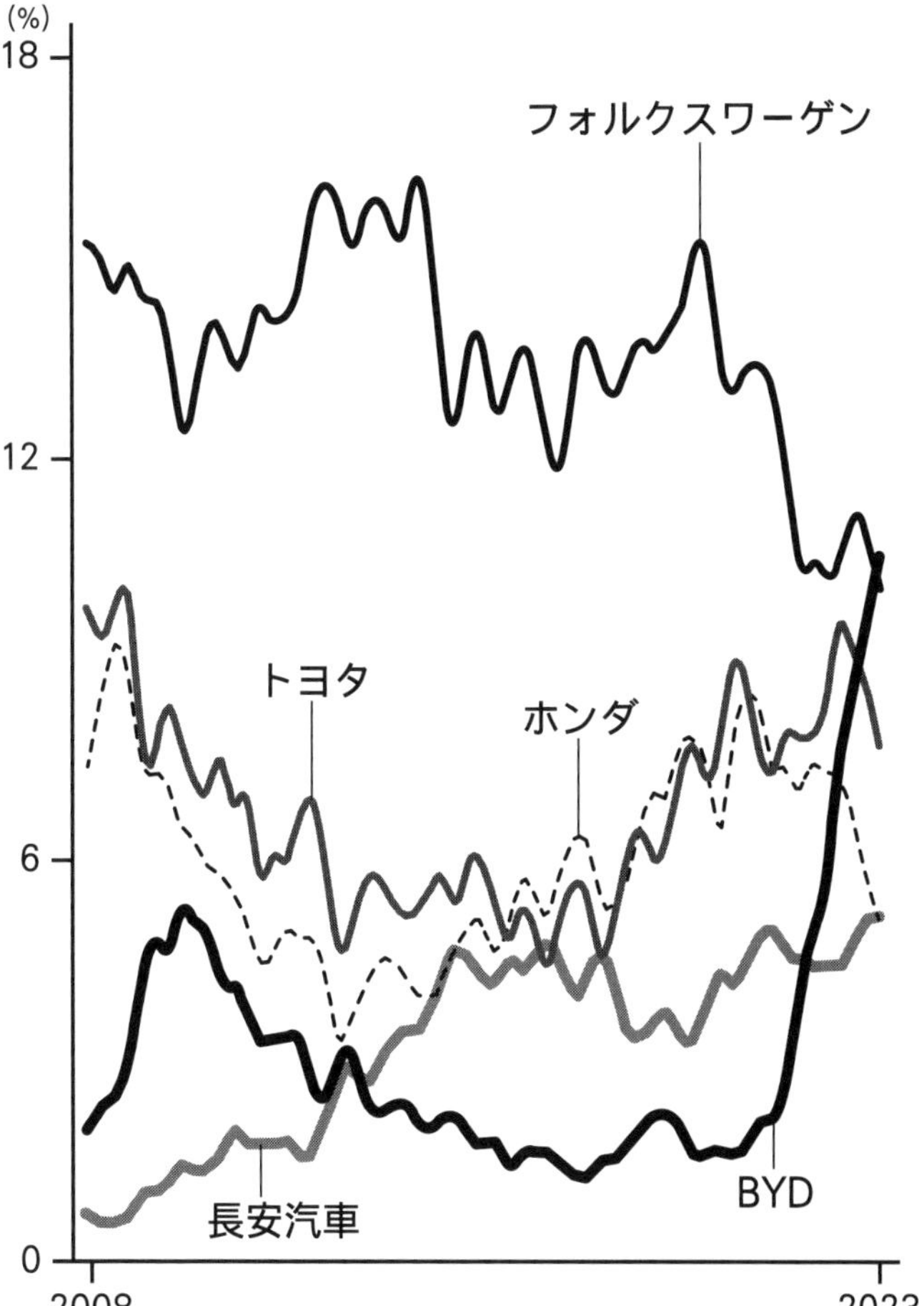

中国自動車技術研究センター、ブルームバーグのデータを基に作成

カ州の）オマハにあるか台湾にあるかで違いは生じる」（日本経済新聞二〇二三年四月一一日付）。

ここ最近のバフェットのＴＳＭＣに対する姿勢転換は、かねてから大きな話題を呼んでいた。バフェットは、二〇二二年九月末までにＴＳＭＣ株を大量に購入したがごく短期間で姿勢を転換、二〇二二年末には保有していた九割ほどの株を売却、二〇二三年一～三月期までに完全に手放している。当時の報告書には売買理由についての記載がされていなかったため、長期投資を好む伝説的なストックピッカー（株の選別者）による短期間での姿勢転換が様々な憶測を呼んでいた。

原因は、やはり「台湾有事」にあったようである。事実、バフェットはこのたびの来日（二〇二三年四月）で「ＴＳＭＣ株の縮小を決めたのは、中台間の地政学的緊張への懸念からだ」と説明。「こうした状況は同社のコントロールがおよばない」と話した。長期保有を好むバフェットが、ごく短期間のうちに判断を覆すことは珍しい。その間に、台湾有事の可能性を織り込んだのだろう。

何かしらの機密情報に接したのかもしれない。

バフェットの後継者候補も高いパフォーマンスを発揮

次に、バフェットの後継者と目されるテッド・ウェシュラーの手腕を紹介したい。ちなみに、バフェットには後継者候補が複数いるのだが、バフェットは二〇二一年にその中の一人、グレッグ・アベルを後継者に指名している。残念ながら指名されなかったウェシュラーだが、その手腕は常に注目の的で、コロナ禍の最中には師匠バフェットも驚がくしたに違いないほどの莫大なリターンを上げている。

テッド・ウェシュラーは、バージニア州のヘッジファンドであるペニンシュラ・キャピタル・アドバイザーズを運営していたが、二〇一〇年と二〇一一年に二回のチャリティー・オークション（貧困問題に取り組む慈善団体「グライド」に利益が贈られる）でバフェットとの昼食会の権利を計五〇〇万ドル以上で落札したことでバフェットと親交が生まれ、結果的にバークシャー・ハサウェイから投資マネージャーとしてオファーを得たようだ。二〇一二年に入社している。

ウェシュラーは、バフェットのバリュー投資を信仰していたそうで、バフェット同様に半永久的にキャッシュフローを生み出す価値のある企業を丹念に調べ、集中投資するスタイルを得意とした。

そのウェシュラーは、新型コロナの影響で百貨店の経営破綻が相次いだ二〇二〇年の秋、まさに〝ボロ株〟の扱いを受けていた高級百貨店銘柄の中から「ディラーズ」に着目する。

ディラーズは、同業他社よりもネット販売への依存度が低かったためパンデミックの影響をもろに受け、株価は二〇二〇年初来で四割強も下落していた。ウェシュラーは、ディラーズの発行済株式の約五・九％に相当する一〇八万株を保有していることを明らかにしたのだが、チェーン店のうち八割以上の物件（不動産）を自社保有していたディラーズは、その後のインフレで競争力を増し、株価は大底からなんと一五倍以上にまで化けたのである。

師のバフェットは、リーマン・ショックの真っ只中にこう述べたことがあった――「私の買い方はシンプルなルールに基づいている。それは、他の人が貪欲な時は恐れを抱き、他の人が恐れを抱いた時は貪欲になることだ」（二〇〇八年一〇月一六日付ニューヨーク・タイムズ）。

ウェシュラーもこのように指摘している――「年に一回、優れた投資アイデアを思いつくことができれば、素晴らしい」（『選択』二〇二三年二月号）。

バフェットも人の子、大失敗した過去も

ここまで成功談ばかり聞くと、あなたの目にはバフェットが投資の世界で無敵の存在と映ったことだろう。しかし、彼も人の子だ。時に判断を誤る。代表例は、原油株における失敗だ。

バフェットは二〇〇八年、石油大手コノコフィリップスの株式を大量に取得

したが、その後、世界経済がリセッション（景気後退）入りし、原油価格が急落。コノコの株価も道連れとなった。バークシャーはその年、バフェットがトップに就任して以降、最悪の業績を記録している。

二〇〇九年の初め、バフェットは株主に対して「これまで、自分はまったく間違っていた」（ウォール・ストリート・ジャーナル二〇二三年五月六日付）と嘆いた。しかし、それでもバークシャーは石油株への投資を継続。その後、数年をかけて複数回にわたりエクソンモービルに投資した。

しかし、二〇一四年には原油相場が近年で最大級の落ち込みを示したため、エクソンモービル株のすべてを手放している。

王様バフェットの投資スタイル

バフェットは、一般の投資家に対して代表的なインデックス（株価指数）への投資を推奨することで有名だが、自身の投資スタイルは明確にストックピッカー（銘柄選択者＝インデックスではなく個別銘柄を選択して投資しインデックス以上のリターンを目指す運用者）だ。

バフェットは、投資の基本である分散をあえて無視し、「これは」と目を付けた銘柄を多額のレバレッジをかけて長期保有するスタイルを築いている。レバレッジがなければ、バフェットのリターンはここまで見栄えしなかったはずだ。バフェット研究者たちの推定では、バークシャーは平均して資本に六〇％のレバレッジを効かせ、会社のリターンを大幅に高めていたとされる。しかもバークシャーの社債は、一九八九年から二〇〇九年までトリプルAに格付けされていたため、低金利で資金を借りられた。

そして、バークシャーの資金調達の三分の一以上を同社の保険事業と再保険事業が賄っている。保険会社というのは保険料を前もって徴収し、後で保険金を支払うため、保険契約者から実質的に借り入れていることと同じだ。バフェットは、それを運用に回している。

また、バフェットは超長期保有のイメージがあるが、実は二〇年以上保有している銘柄は三銘柄しかない。研究者たちによると、バークシャーの一銘柄に対する保有期間は平均で三年とされている。しかも、良くも悪くも君子豹変（個別企業に対する変節）が多い。

　バフェットは、俗に言う分散投資とは距離を置くが（私は、彼ほどの〝博打《ばくち》打ち〟はいないと思っている）、とはいえ素人には株の選別こそが難しいため、バフェットは低コストのインデックス投信に全額を投じ、「自分が素人投資家であることを自覚し、（ファンドに投資したことは）忘れて仕事に戻る」ようアドバイスしている。

　高金利が定着した世界では、インデックス投資は難局を迎えるかもしれない。高金利の時代には、たいていの場合株価が不安定となり、ストックピッカーが優勢を得る。インデックス投資を継続するにしても、暴落の時に買うことを徹底したい。そこで、高金利の時代に「投資の王様」になるための四ヵ条を五三ページに紹介しよう。

　まず、「一、とにかく待つ」と「二、とにかく持つ」についてだが、一般的な個人投資家は「待てない、持てない」と言われている。大半の投資家が五年以内に起こり得る暴落を待てない、そして株を買ったとしても五年は保有できない。とりわけ、日本の個人投資家は近視眼（短気）だと言われている。バフェットは「一〇年待てないなら株を買ってはいけない」（プレジデントオンライン二〇二一年一二月一九日付）と戒《いまし》めているが、この言葉を重宝したい。

次に「三、株価指数が暴落しそうな時はプット・オプションでリスク・ヘッジ」についてだが、ストックピッカーを自認するなら、株価指数が暴落しそうな気配を感じ取ったとしても信じた株をやすやすと手放してはならない。幸いにも、現代には暴落をヘッジするプット・オプションなどの存在がある。これらを駆使し、仮に自分が信じた銘柄も下がれば、そこは積極的に買い増す好機としたい。

そして最後に「四、アクティブ投信でインフレへのプロテクション（守り）を強固に」だ。実は、昨年あたりから欧米ではストックピッカーやヘッジファンドに代表されるアクティブ運用（「パッシブ」が株価指数などのベンチマークに連動する運用成果を目指すのに対し、「アクティブ」は銘柄の選別やデリバティブなどを駆使してベンチマークを上回る運用成果を目指す運用手法）への見直しが起こっている。

最大の理由は、高金利の到来だ。二〇二二年一二月一〇日号の英エコノミスト誌は「高金利時代の投資新三原則」と題し、低金利から高金利にトレンドが変わってきたことによって、「インデックス投資が問題視されだした」と伝えているが、実際にアメリカではアクティブ投信（アクティブETFを含む）への資金流入がものすごい勢いで増えている。

そこで私たちがお勧めしたいのは、「MF」（マネージド・フューチャーズ）だ。たとえば、ヘッジファンド会社マン・グループはMFタイプのトレンド追随ファンドを持っているが、マン社は同戦略が「重大なインフレショックの時期に最も信頼できるプロテクションを提供する」（ブルームバーグ二〇二一年一一月二日付）とインフレが席巻し始めた二〇二一年八月に指摘しており、そして実際に同ファンドは二〇二二年にかけて躍進している。

「投資の王様」になるための四ヵ条

1. とにかく待つ

株を買う際は安くなるまで待つ。少なくとも
これからのインデックス投資は慎重に
（暴落した時に買うというルールを徹底）

2. とにかく持つ

一度でも信じた株はやすやす手放すな。
ほったらかす勇気を持とう。

**3. 株価指数が暴落しそうな時は
プット・オプションでリスク・ヘッジ**

**4. アクティブ投信でインフレへの
プロテクション（守り）を強固に**

**EX. スター銘柄（超有望株）発掘への努力を
怠らない**

（結局のところ、投資には運の要素も強くあり、
スター銘柄を持つことができなければ投資で
お金持ちになることはまずできないという研究
結果もある）

バフェットの名言に学ぼう

バフェットの思考をたどるべく、本章にもたびたび登場したバフェットの「名言」を私なりにピックアップした。その名言を紹介して本章を終えたい。

■どういう会社を買えばよいのか?

「素晴らしい価格でまずまずの会社を買うより、まずまずの価格で素晴らしい会社を買う方がはるかに良い」

(一九八九年度の株主への手紙にて)

■買う時のルール

「私の買い方はシンプルなルールに基づいている。それは、他の人が貪欲な時は恐れを抱き、他の人が恐れを抱いた時は貪欲になることだ」

(二〇〇八年一〇月一六日付ニューヨーク・タイムズ)

■株は値上がりするだろう

「今から一ヵ月後や一年後に株価が上がるか下がるかということは、私には見当もつかない。しかし株式相場は、センチメントや景気が上向く前に、恐らく大きく上昇することになると見ている。コマドリが来るのを待っていると、春は終わってしまうだろう」

（同前）

■値下げの時に買う

「靴下（ソックス）であれ株（ストック）であれ、質のいい商品が値下げされた時に買うのが好き」

（二〇〇八年度の株主への手紙にて）

■自分自身に投資しよう

「最高の投資対象は自分自身だ。それに匹敵するものはない」

（二〇一三年のジョージア工科大学同窓会誌にて）

■インフレについて

「インフレは、国にとって絶え間なく脅威であり続ける。いつか制御不能になる時がやって来て、すべてを台無しにする。それは、社会にとって良いことではない」

（二〇二三年四月一二日付CNBC）

■焦るべからず

「人々は一攫千金《いっかくせんきん》という考え方が大好きです。私は、彼らを責めようとは思いません。でも、私は常にゆっくりとお金持ちになりたいと考えていて、その過程はとても楽しいものなのです」

（同前）

■読書について

「読書に勝るものはありません。あなたは探究心を持つべきです。『もし、歴史上の人物、現在する人物を問わず誰か一人とランチをすることができるとしたら、誰を選びますか』と聞かれることがあります。実は、本を読めば世界中の歴史上のあらゆる偉大な人物と一緒にランチを取ることができるのです」

（二〇二〇年一二月一九日に行なわれたバフェットの母校を卒業する学生のためのバーチャル卒業式で）

ちなみにバフェットは、一日の八〇％を読書に充てている。バフェットが好むのは、「ウォール・ストリート・ジャーナル」「フィナンシャル・タイムズ」「ニューヨーク・タイムズ」「ＵＳＡトゥデイ」「オマハ・ワールド・ヘラルド（Omaha World-Herald）」「アメリカン・バンカー（American Banker）」など。

■投資の極意

「とにかく読む」（バフェットの口癖）

第二章

暴落の歴史と教訓

――株は下がった時にのみ買え

世界大恐慌とチャップリン

「一人殺せば犯罪者だが、千人殺せば英雄になる」――巷に知られているこの有名な言葉は、イギリス国教会牧師で奴隷廃止論者のベイルビー・ポーテューズの言葉である。戦場に赴《おもむ》いて数多くの敵を倒せば〝英雄〟と呼ばれることに対する、皮肉を効かせた名言だ。

そしてこの言葉を有名にしたのは、ある一本の映画であった。その映画のタイトルは『殺人狂時代』。かの喜劇王チャールズ・チャップリンの作品で、彼自らも〝最高傑作〟と評している映画である。

時代は一九〇〇年代前半のフランス、主人公のアンリ・ヴェルドゥ（チャップリン）がお金目当てに次々と殺人を犯す。その背景にあるのは、世界大恐慌による不況。主人公は三〇年間勤めた銀行をリストラされ、妻子を養うために裕福な女性と重婚し、その女性を殺害してお金を奪い、株式へ投資することを繰り返す。最終的には世界大恐慌のあおりで破産し、失意の中、逮捕される。そして、いよいよ処刑という日に、冒頭の名言を残すのである。

「戦争や紛争はすべてビジネスです。一人を殺せば犯罪者で一〇〇万人を殺せば英雄です。数が殺人を神聖化します」。

この映画は一九四七年に公開されたが、当時アメリカは第二次世界大戦に勝利し興奮冷めやらぬ状態であった。そのため、戦争を揶揄《やゆ》したチャップリンは猛烈なバッシングを受け、アメリカからの国外追放の憂き目に遭った。

さて話が横道に逸《そ》れてしまったが、この章ではこれまで起きた市場の暴落の歴史とそこから得た教訓をご紹介する。

株式における暴落と言えば、まずは世界大恐慌である。この時の暴落は桁外《けたはず》れで、アメリカを代表する株式指数であるＮＹダウは、三八一ドルからその約三年後の一九三二年の下値四一ドルまで、なんと九〇％近くの下落を記録している。実に株価が一〇分の一になったわけで、現在の日経平均株価三〇〇〇〇円ほどが、一桁変わり三〇〇〇円になったようなものだ。

指数でさえこれほどの大暴落だから、個別銘柄になるとさらにひどく、そのまま価値を失ったものも少なくなかった。倒産する会社は数多くあり、先ほどの映画に登場した主人公のように自己破産した個人も多かった。

そのような、数多くの人が絶望を味わう厳しい環境の中で、しっかりと生き残った人たちもいた。しかも、株式投資を行なっていたにも関わらず、暴落手前で保有株を売り払い、難を逃れたという奇跡のような人も確かに存在する。

現実のチャップリンもその一人である。世界大恐慌の始まりは一九二九年一〇月二四日、世に有名な「暗黒の木曜日」である。そのわずか二ヵ月前の八月にチャップリンは、「必ず株は暴落する」と言い出し、なんと保有していた株をすべて売却し、安全なカナダ金貨に換えたのである。米国株が絶好調だった時で、友人が「今は売るのは大バカだ」と喚《わめ》きながらチャップリンを引き留めたにも関わらずである。

その後、チャップリンの予言通り米国株は大暴落。後に、ボロボロの恰好でチャップリンの撮影所に現れた先ほどの友人は、「なぜ、株が暴落するとわかったんだ」とチャップリンに迫ったという。

この大暴落が起きる前まで、ほとんどの人はアメリカのバブル景気に酔いしれていた。それもそのはず、アメリカは第一次世界大戦の戦勝国として「黄金の二〇年代」と呼ばれる未曽有の好景気に沸《わ》き立っていたのである。一九二一年から一九二九年の間でＧＮＰ（国民総生産）は約五〇％上昇、物価は安定していて労働生産性は向上、工場労働者の実質年収も増加した。株価はどんどん上昇し、国民全体を巻き込む株式投資ブームが発生していた。

その巨大なバブルの中、一九二九年三月に大統領に就いたハーバート・フーヴァーは「今日、我々アメリカ人は、どの国の歴史にも見られなかったほど貧困に対する最終的勝利に近付いている（中略）この国から貧困が駆逐《くちく》される日を見るのも近いだろう」と就任演説を行なった。そして演説の結びは、「私は、我々の国の将来に何の不安も持っていない。それは希望に輝いている」と締めくくっている。まさに大統領も含め、ほとんどの国民がアメリカの繁栄が永遠に続くと信じて疑わなかったのである。

そんな、周囲が浮かれている中で「株が暴落する」とチャップリンは判断したわけで、彼は単なる映画俳優ではない。彼は映画監督であり、脚本家、映画プロデューサーであった。つまり彼は、自分で作った映画を自ら演じていた。

そして彼は、間違いなく商才あふれる一流の経営者であった。彼が生涯で作った映画作品八〇本以上のうち、公開時に損失を計上したのは先ほどのニューヨーク市民からバッシングを浴びた『殺人狂時代』の一本だけだった点を見ても、それは明らかである。その一本も、後の再公開などできちんと黒字化している。世界大恐慌を含む難しい時代であったにも関わらず、すべての映画で採算をプラスにしているのである。

なぜ彼は、これほどの才を持っていたのか。それは、彼の記憶力、特に数字に対しての明るさが尋常ではなかったということに起因する。チャップリンは、七五歳の時に自伝を執筆しているが、それはすべて彼の記憶を頼りに書かれたというから驚きである。自伝の中には、彼が一〇歳の時の母の仕事について触れている部分があるが、その仕事時間や給与などの数字が事細《こと》かに書かれてい

チャールズ・チャップリン
（1889 － 1977 年）。
独特の視点と天賦の才から
株の大暴落を予言し、当て
ている。
（写真提供：Mary Evans
Picture Library/ アフロ）

た。また彼は、世界各地で放映された自身の映画について、その興行収入や映画館の座席数などの数字を、ほとんど記憶していた。もちろん、彼自身の映画に関する天賦の才もあったのだろうが、それに加えてこの膨大な数字のデータを記憶しておく能力を持ってして、彼を一流の経営者足《た》らしめたのであろう。

さて、そのチャップリンがなぜ、株の大暴落を正確に予測できたのか。数字に明るいという強みを活かして、それまでの株式の膨大なデータを分析して予測したのかと言えば、どうもそうではなさそうなのだ。

彼は、失業者数が上昇していることに注目し、それにより貧富の差が拡大していることから経済の先行きを危ぶみ、株の大暴落という結論に達したという。チャップリンは独特の視点を持つ、まさに天才であった。

暴落を知りたければ、一般大衆から助言を受けろ

チャップリンの他にも、世界大恐慌を無傷で乗り切った強者がいる。有名な

人物ではジョセフ・P・ケネディ、そう、第三五代合衆国大統領ジョン・F・ケネディの父親である。

投資に興味をお持ちの方は、「靴磨きの少年」の話はすでにご存じだろう。ジョセフは、一九二〇年代のアメリカの黄金期に株式や不動産投資で莫大な富を築き、アメリカの政財界に君臨した人物である。その繁栄は、王室のないアメリカにおいてケネディ家が〝アメリカのロイヤルファミリー〟と呼ばれ、英王室と交流したほどである。その彼が世界大恐慌による被害をまったく受けなかったのには、ある靴磨きの少年の助言があったと言われる。

一九二九年の夏のある日、ジョセフは靴を磨いてもらおうと、片足を靴磨き台に乗せた。その時、靴磨きの少年の読んでいるウォール・ストリート・ジャーナルに目が行った。「景気はどうだ」と問いかけると、「アメリカは絶好調だよ。株はまだまだ上がるから、この株を買った方がいいよ」と少年から個別銘柄を薦められる。それを聞いたジョセフは急いで事務所に戻り、皆が反対する中、保有している株をすべて叩き売って、その後襲ってきた大恐慌を無傷で乗り越えたという。

もう一人、大恐慌時代に似た経験をした投資家がいる。アメリカの政治家であり、投資家のバーナード・M・バルークだ。彼はハーディングやクーリッジ、フーヴァー、ルーズベルト、トルーマンなど、当時の歴代大統領の特別顧問という特権的な地位で活躍し、〝影の大統領〟と呼ばれた人物である。

徹底した情報収集と綿密な分析で資産を殖やした彼は、その分析から「近々、米国株が暴落する」と仮説を立てた。そして、その仮説が彼の中で確信に変わったのは、ある老人からの助言であった。自宅の近くでみすぼらしい姿の老人と出会ったバルークは、手招きされ「良い銘柄の情報があるよ」と小声で囁かれた。その助言を聞いたバルークは、自分の持っている株をすべて金《きん》（ゴールド）に換え、株の大暴落から難を逃れたのである。

この二つの逸話は、かなり似た部分があると共に大きな示唆《しさ》に富んでいる。それは、ジョセフの靴磨きの少年も、バルークのみすぼらしい姿の老人も、株のまったくの素人である。そのような一般大衆が騒ぎ始めた頃が、バブルのピークだということだ。さらに言えば、株は前の人よりも次の人が高値で買うから上がる。しかし、まったくの素人が購入しているほど周知された株を、それよりも高値で次に買う人はいない。一般大衆が買っているということは、すでに大規模なバブルが発生しているということであると同時に、そこから暴落に転じる可能性が高いということである。

バブルに振り回された天才科学者

チャップリンやジョセフ、バルークは、相場の大暴落を見事回避している。では、このような一角《ひとかど》の人物であれば、株式のバブル崩壊を容易に回避できるかと問われると、やはりそう簡単なことではない。むしろ、人の狂気が作り出したバブルに振り回された著名人も数多い。その中の一人、アイザック・ニュートンにスポットを当ててみよう。

ニュートンは、言わずと知れた万有引力の発見者である。彼は一言で言うと天才科学者で、物理学、自然哲学、数学、天文学、神学と多岐の分野に精通していた。投資の世界にも造詣《ぞうけい》が深く、株や国債などに分散する運用スタイルを行なっていた。

そんなニュートンが巻き込まれたのは、株式バブルの語源と言われている「南海泡沫事件」である。なお、他にも過去の大きなバブルとしてはオランダの「チューリップバブル」とアメリカの「ミシシッピ計画」が挙げられ、それと最初のイギリスの「南海泡沫事件」を合わせて〝世界三大バブル事件〟と呼ばれたりすることがある。

事件の舞台となる南海会社は、一七一一年にイギリスの勅許《ちょっきょ》会社として主に貿易を行なう目的で設立された。元々は、イギリスの財政危機を救うために貿易の利潤でイギリスの国債を賄う仕組みが作られた。しかし、貿易での利益は思うほど上げられず、イギリスの財政を補助するどころか会社自体の存続が危うくなった。そのため南海会社は富くじを手掛け、そのヒットから金融会社へと変貌して行く。

そして起きたのが、南海泡沫事件である。株の交換におけるトリックによって、ごく短期に、爆発的に、南海会社の株価がつり上がったのである。しかし所詮《しょせん》はトリックであり、株価は臨界点に達するとあっけなく暴落している。

ニュートンは、南海会社の株が上昇して行く過程から暴落するところまでをすべて経験している。一七二〇年一月に一株一〇〇ポンド強であった南海会社の株価は急上昇し、六月二四日の最高値一〇五〇ポンドを付けている。その過程でニュートンは投資を行ない、七〇〇〇ポンドの収益を得た。

しかし、イギリス政府が六月二四日に「泡沫会社規制法」、八月二四日に「告知令状」を立て続けに出すと株価は急落し、わずか数ヵ月後には元の一〇〇ポンドを割るまでの大暴落となった。このバブル崩壊により、ニュートンは二万ポンド（現在価値で四億円）の損失を出したのである。他にも株を購入した人たちの多くは破産し、それを苦に自殺する者も少なくなかった。

ニュートンは、金銭的にも精神的にも手ひどいダメージを受け、「天体の動きなら計算できるが、群集の狂気は計算できない」という名言を呟《つぶや》いたのである。

いつの時代にもバブルは形成され、崩壊している。そしてその裏には、必ずこの群集の狂気が存在するのである。株が上昇する局面では、我も我もと群がり、その集団が大きくなればなるほど巨大なバブルを形成する。株が下がれば今度は慌てて皆が我先にと投げ売りして、暴落を加速させるのだ。

群集の狂気がバブルを形成し、群集の狂気がバブルを崩壊させる。そして、その群集の狂気は、万有引力の法則を発見し天体の動きまでをも計算できる天才ニュートンを持ってしても、計算することができなかったのである。

群集の狂気を利用し莫大な富を築いた、ロスチャイルド家の祖

群集の狂気は、時にバブルを形成しバブルを崩壊させるほどの強力な力を発揮する。天才ニュートンは生憎《あいにく》それを計算することができず、大きな損失を負った。しかし、そのニュートンでもできなかった、とんでもないことを行なった人物が存在する。群集の狂気をうまく利用し、それによって形成された

相場で巨万の富を得た人物――彼の名前はネイサン・メイアー・ロスチャイルド、ロンドン・ロスチャイルド家の祖である。ネイサンがイギリスに移住したのは一七九八年、ネイサン二一歳の時である。事業を次々と成功に導き、一八一一年ロンドンで為替手形貿易の銀行家に転じた。

ネイサンが歴史に名を刻んだのはその四年後、一八一五年のワーテルローの戦いである。イギリス・オランダなどの連合軍、そしてプロイセン王国軍対フランスナポレオン軍の戦いで、当初イギリス連合軍の不利が予想されていた。

結果としてイギリス連合軍の勝利となるのだが、その情報を伝書鳩や高速船などを駆使していち早くつかんだネイサンは、ロンドンの金融街シティの証券取引所に慌てて駆け込み、なんと真っ先にイギリス国債を叩き売ったのである。

事前予想としてイギリス連合軍が勝利すれば国債買い、敗北すれば国債売りと言われていたにも関わらず、ネイサンはその逆の行動を、しかも青ざめた顔をわざと作った上で行なったのである。これが後に伝説として語られる〝ネイサンの逆売り〟である。

ネイサンの逆売りは、他の投資家によるイギリス国債の投げ売りを呼び起こした。実は、情報伝達のスピードに定評があったロスチャイルド家の動きを、投資家全員が注目していたのである。そして、そのネイサンがイギリス国債を売り始めたことで、他の投資家はイギリス連合軍が敗北したと勘違いをして、それに基づいた投資行動を起こしたのだ。

結果、散々に売り込まれたイギリス国債の価格は二束三文になったわけだが、ここでネイサンはそのイギリス国債をめいっぱい購入したのだ。そして、そのすぐ後にイギリス連合軍勝利の報告が公に伝わり、今度はイギリス国債が大量に買い戻されて価格は急騰、ネイサンは一瞬のうちに巨万の富を手に入れることに成功したのである。

相場は、時に想像をはるかに超える動きをする

群集の狂気によって、相場は時に想像をはるかに超えて動くことがある。そ

れは、ニュートンが経験した「南海泡沫事件」も、ネイサンが仕組んだ「イギリス国債の急落・急騰劇」も同じである。そして、その動きによって、立ち直ることができないほどの損失を抱える人がいる一方で、逆に普段では得ることができない巨万の富をわずかの時間で築き上げる強者《つわもの》もいる。

先ほどのネイサンはもちろん後者だが、そういった強者をもう一例見てみよう。アメリカの鉄鋼王、アンドリュー・カーネギーのお話である。

カーネギーのすごみは、多くの事業を手掛けてそれを次々に成功に導いたことである。そのカーネギーが自伝で、人生において一度だけ投機的な取引をしたことがあると触れている。

それは、アメリカの南北戦争（一八六一〜六五年）の時の取引のことだ。当時、カーネギーは南北戦争が起こる前から株を買っており、それが南北戦争によって大暴落。カーネギーは大きな損を負ってしまう。もしカーネギーが狂った群集の一人であれば、パニックになってその紙キレ同然まで価値が下がった株を底値で投げ売りしていただろう。

しかし、カーネギーは冷静な市場分析の後、正反対の行動を採った。今回の株式暴落の要因が、南北戦争にあることは明らかである。そして、戦争は永久に続くものではなく、いつか必ず終わる。カーネギーはここで、ある決断をする。「それであれば、戦争が終わるまで踏ん張っていればよい。むしろ、他の人たちが投げ売りしたものを買い占めよう」と。周囲の反対を押し切っての、カーネギー一世一代の大博打である。

結果、カーネギーは大勝を得る。南北戦争が終わり平時に戻る中で株価は上昇し、二〇倍、三〇倍に暴騰したという。この流れの中で、カーネギーは莫大な富を得ることに成功した。そして、ここで得た資金を原資にビジネスを展開、鉄鋼王と呼ばれるまでにのぼり詰める。しかも、今後のビジネス展開の要《かなめ》でもある鉄の重要性について再認識したのも、この南北戦争によるものであった。

カーネギーは南北戦争前から製鉄業への投資を行なっていた。そして、南北戦争の際、艦船の装甲《そうこう》や大砲、その他軍用品において鉄は重要不可欠なものとしての地位を確立した。それだけではない。カーネギーは南北戦争によって焼け落ちた木製の橋梁《きょうりょう》を見て、鉄の橋であれば焼け落ちることはないとひらめき、その後あらゆる場面において鉄の可能性を模索しながら、鉄鋼業に深く関わって行くことになる。

「南海泡沫事件」のように上に振り切れ過ぎた相場は、次は下に大きく振り切れることになる。一方で、ワーテルローの戦いの際に見せたイギリス国債の動きや南北戦争の時の米国株の動きのように、下に振り切れ過ぎた相場は次は上に大きく振り切れることになった。〝山高ければ谷深し、谷深ければ山高し〟ということである。

これまで一六〇〇年代あるいは一七〇〇年代、一八〇〇年代、そして一九二九年と、今から少なくとも一〇〇年ほど前の相場ばかりを見てきた。これらの時代は現代と比較すると圧倒的に情報技術が劣っている。時にはそれにより、相場に大きな歪《ゆが》みが生じることがあった。ネイサンが行なった情報操作は、同じ情報が瞬時に届く現代においては起こり得ないだろう。

では、情報伝達のスピードが格段に上昇した現代において、過去にあった市場の大きな歪《ゆが》み、あるいは想像をはるかに超える行き過ぎた相場は形成されなくなったかと言えば、まったくそうではない。今から四〇年ほど前の一九八七年には「ブラックマンデー」と呼ばれる相場の暴落があった。そしてそれよりさらに現代に近付くと、二〇〇〇年に「ITバブルとその崩壊」を経験している。そして、今から数年前のごく最近では、二〇二〇年の「コロナショック」を経験しているのである。情報伝達のスピードが速くなったことで、バブルの形成また崩壊スピードが速くなったことはあるが、そもそも相場の歪《ゆが》みがなくなることはなかったのである。

現代における株式暴落の三大ショック

先ほど触れた「ブラックマンデー」「ITバブルとその崩壊」「コロナショック」の三つの出来事を、ここではあえて「現代における株式暴落の三大ショック」とまとめておこう。その上で、それぞれどのようなことが起きたのかを取り上げておく。

まず取り上げるのは「一九八七年のブラックマンデー」である。ブラックマンデーは一九八七年一〇月一九日の月曜日のたった一日で起きたことである。香港株の暴落から始まったとされ、それが欧米に伝わり、アメリカの株式指数ＮＹダウはわずか一日で前日比マイナス二二・六％もの暴落を、Ｓ＆Ｐ５００も前日比マイナス二〇・五％もの暴落をそれぞれ記録している。

ブラックマンデーの要因は、アメリカの双子の赤字の拡大や直前にアメリカ・イランの軍事的緊張が高まっていたこと、米ドル金利の引き上げ観測などいくつか分析がなされたが、いずれもわずか一日でこれほどの大暴落につながった決定打にはならない。

後でわかったことでは、コンピュータのプログラム取引のロスカット（損切り）注文が連鎖的に反応し、売りが売りを呼ぶ状態に陥ったのが原因だったという。一九八〇年代はコンピュータがちょうど普及し始めた時期であった。米巨大ＩＴ企業であるマイクロソフトが設立されたのが一九七五年であり、その一〇年後の一九八五年にパソコン用ＯＳの「Windows」が初めて世に出ている。その二年後に起きたブラックマンデーは、実は株式の世界で初めて〝コンピュータが起こしたパニック相場〟だったのである。

それから時代は、完全にコンピュータ社会に移って行く。一九九〇年にはWindows向けのオフィスソフトが発売され、一九九五年にウェブブラウザがリリースされている。会社、そして個人へとどんどんコンピュータが社会に浸透して行ったのである。そして、同時に「ＩＴ」（Information Technology）という言葉が生まれ、猫も杓子《しゃくし》も「ＩＴ、ＩＴ」と騒いでいた。

その熱が沸騰したのが二〇〇〇年前半まで続いた「ＩＴバブル」である。「ドットコムバブル」とも呼ばれ、「.com」や「@」というＩＴ関連の言葉が社名に付いただけで、業態がＩＴと関係がなくても株価がとんでもなく上昇した時期である。完全にバブルだった。

ＩＴバブルを視覚でとらえるには、アメリカの新興企業向け株式指数である「ナスダック総合指数」（以下、ナスダック）を見るのがよい。ナスダックは、一九七一年二月五日に算出開始されており、一〇〇からスタートしている。そのナスダックは、一九九〇年末に三七三・八四だったが、二〇〇〇年三月一〇日のピーク時には五〇四八・六二と、一〇年経たずになんと一〇倍以上になっているのだ。バブル相場によく見られる傾向であるが、ピーク時に近いほど短期での上昇幅が激しく、このナスダックもその傾向が見られ、一九九九年三月から二〇〇〇年三月のわずか一年で二倍以上、年一〇〇％超の上昇になっているのである。

逆に見ると、この症状が見られるとバブル末期のことが多い。ナスダックもそこから下落に転じており、九ヵ月後の二〇〇〇年末にはピークから見て半分以下にまで落ち込んでいる。その後、二〇〇一年九月一一日に起きたアメリカの「同時多発テロ」や「エンロン事件」を含むアメリカの会計不信などにより、ナスダックはずるずると下げ続けた。ようやく底を打ったのは二〇〇二年一〇月九日のことで、その時ナスダックは一一一四・一一、ピークから見ると八割近く下落したのである。

（1990年〜2003年）

2000/3/10
5048.62
1996年7月
1997年1月
1997年7月
1998年1月
1998年7月
1999年1月
1999年7月
2000年1月
2000年7月
2001年1月
2001年7月
2002年1月
2002年7月

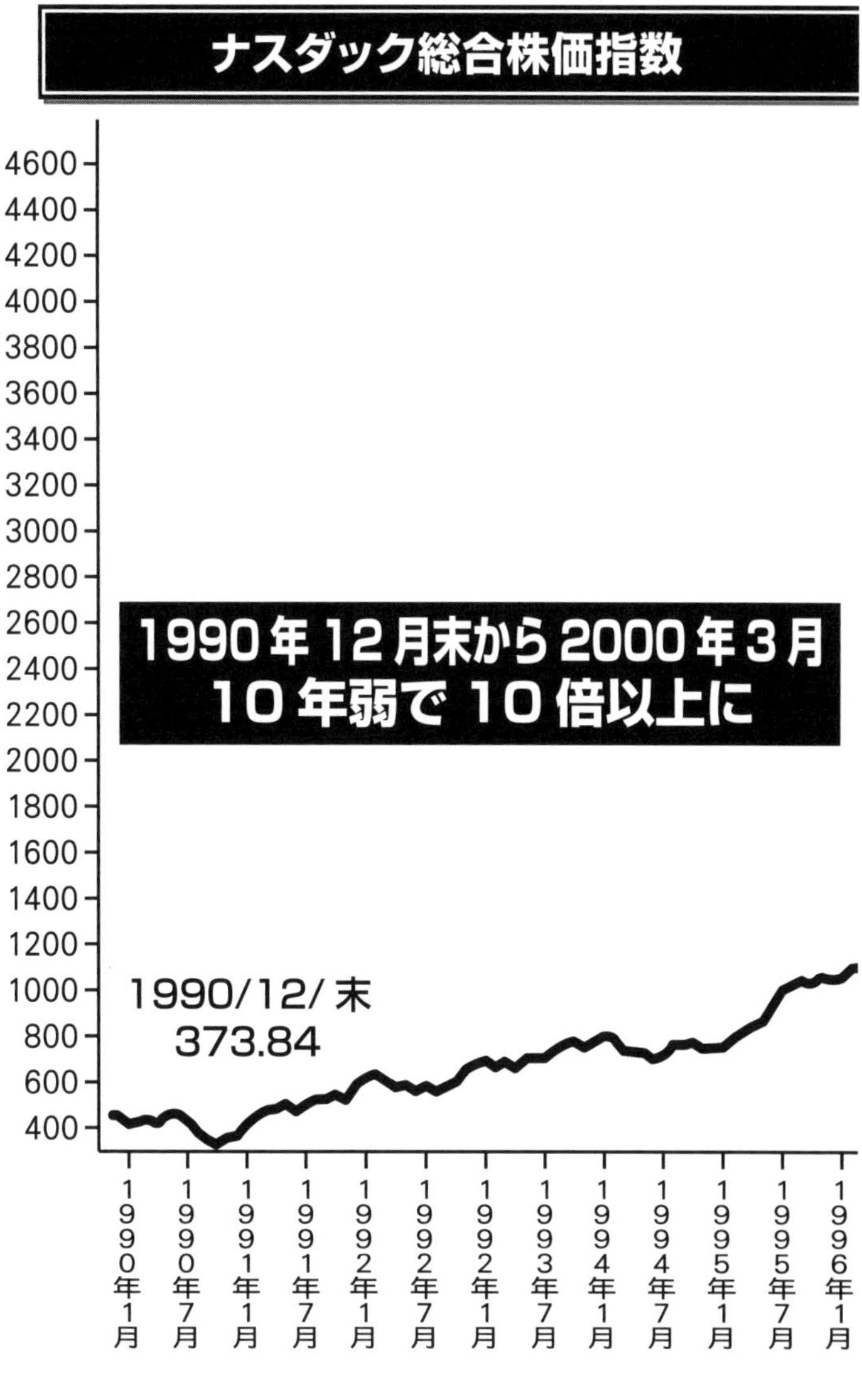
ナスダック総合株価指数
4600
4400
4200
4000
3800
3600
3400
3200
3000
2800
2600
2400
2200
2000
1800
1600
1400
1200
1000
800
600
400
1990年12月末から2000年3月
10年弱で10倍以上に
1990/12/末
373.84
1990年1月
1990年7月
1991年1月
1991年7月
1992年1月
1992年7月
1992年1月
1993年7月
1994年1月
1994年7月
1995年1月
1995年7月
1996年1月

三つ目の「コロナショック」はごく最近、今から二年前に起きた出来事だから、まだ記憶に新しい。新型コロナの感染拡大と共に、各国がロックダウンに動いたことから起きた株式の下落である。日経平均株価で見ると、二〇二〇年二月二一日から下落がスタートしている。その前日二〇日の終値、二万三四七九・一五円から五連続で下落し、下落幅は二〇〇〇円を上回った。そこから原油の下落や各国ロックダウンにより、三月一九日に付けた底値では一万六五五二・八三円、二月二〇日からマイナス二九％、七〇〇〇円ほども下落している。

コロナショックでは、珍しい現象が二つ起きた。一つは、四月二〇日付の原油の直近の先物価格が、史上初のマイナスを付けたことだ。これは前代未聞のことで、普通は商品を買った方が代金を払うわけだが、この原油先物がマイナスを付けたということはそれとは逆で、商品を売った方がお金を支払うという逆転現象が起きたのである。「お金をあげるから、どうぞ商品（原油）を引き取って下さい」という意味だ。常識からはどう考えてもおかしな出来事である。

これは新型コロナによる需要不足、供給過剰から原油がだぶつき保管コストが高騰したことから起きた一時的な現象であった。しかし、理由がどうあれ本来起きるはずがないことが現実になったわけで、このように相場の世界では、たまに常識では測れないことが起きることを肝に銘じておく必要がある。

そしてもう一つは、この実に二九％も下落したコロナショックは、その戻りが予想以上に早かったことである。ご存じの通り、新型コロナの感染拡大は二〇二〇年二月を皮切りに増加の一途をたどり、しばらくの間世界中がパニックの渦に巻き込まれた。日本では、つい先日の二〇二三年五月八日にようやく新型コロナの扱いが二類から五類に変更され、コロナ騒動に一区切り付いたわけで、その間実に三年の年月がかかっている。欧米ではそれよりも短い期間で一区切りを付けたが、少なくとも二〇二〇年中はパニックが継続していた。

それにも関わらず、二〇二〇年夏頃にはすでに日経平均株価は下落幅をほぼ回復しており、秋になると今度は二月二〇日の水準を超え、そのまま上昇。高値更新を続けたのである。これは、政府と中央銀行が市場に過剰なほどの資金を供給したためである。コロナショックは、一ヵ月で大きく下落した後、その数ヵ月後には回復するという、株式相場としてはかなり短期決着であったことがわかる。

以上が、現代における株式暴落の三大ショックである。これまでに起きた印象深い暴落の歴史を、二〇二〇年のコロナショックまで見てきたわけだが、実は比較的最近起きた、忘れてはいけない大きな暴落についてまだ触れていない。それは二〇〇八年の金融危機、一〇〇年に一度と呼ばれ一九二九年の世界大恐慌に比肩された、「リーマン・ショック」と呼ばれる危機である。

リスクコントロールの果てが巨大なバブル崩壊

二〇〇八年の金融危機を経て、私たちは株式相場において最も重要なことを学ぶことができた。それは、「どれだけ技術が進歩しても、相場の中ではバブルが形成され、それが崩壊するというサイクルがこれからも続く」ということである。株式相場において、コンピュータを駆使してもリスクコントロールすることは不可能であったことが証明されたのである。

本格的に株式相場にコンピュータが導入され始めたのは、一九八〇年代のことである。マイクロソフトを中心にコンピュータが次々と開発され、一九八七年には世界初のコンピュータによる相場の大変動「ブラックマンデー」が発生したことは、すでに触れた通りである。

そして、ちょうどその頃、金融界には〝クオンツ〟と呼ばれる集団が登場し始めた。クオンツとは、コンピュータにより高度な数学的手法で相場を分析・取引する専門家のことである。このクオンツ登場の背景には、米ソ冷戦の終結がある。米ソ冷戦真っ只中には、ミサイルの弾道やロケットの打ち上げなどを研究していたNASAの優秀な人材が冷戦の終結と共に職にあぶれ、そういった人たちがウォール街に吸収されたのである。そして、ミサイルやロケットの軌道を研究する代わりに、株式相場の動きをコンピュータを使い高度な数学で分析し始めたのだ。そこで生まれた学問が、「金融工学」である。

二〇〇〇年代になると金融工学が花開き、ヘッジファンドが隆盛を極めた。

それにより、いつしか〝金融工学万能説〟が唱えられるようになった。金融工学を使えば、株価がどの程度動くのかがあらかじめわかり、リスクコントロールが可能であるとさえ言われ始めた。適正な分散をすることで損失をごく少量に抑えることができ、しかもそのリスクの度合いを数値化し、完全に可視化することが可能だとされた。

その結果、許容できるところまでめいっぱいリスクを高めて、より収益を得られる取引がこぞって行なわれるようになったのである。その時に生まれた金融商品が「ＣＤＳ」や「ＣＤＯ」など、サブプライムローンを混ぜ合わせた最先端の金融商品であった。

しかし、結局は群集の狂気は、金融工学を使ってもコントロールできるものではないことが証明された。リスクコントロールされていたはずの相場は暴走し、そうなるとめいっぱい高めたリスクが仇《あだ》となり、市場は一九二九年世界大恐慌の再来の一歩手前まで陥った。ここ近年で発生した相場の、どのショックよりもはるかに大きな暴落を経験することになったのである。

暴落は永遠に続かず、株は必ず上がる

これまでいくつかの実例と共に暴落の歴史を見てきたが、常に繰り返される暴落には実は共通点がある。相場の真理と言うべきものなので、必ず覚えておいてほしい。

それは、「暴落は永遠には続かない」ということである。しかも、「暴落後一旦大底を付けた相場は、大きく反発することが多い」。そして、すぐに元の水準まで回復しなかったとしても、「長い目で見ると株は必ず上昇している」ということである。

これを前提に、株式投資で成功するにはどうすればよいか。シンプルな答えとしては、〝買ってずっと保有しておく〟ということである。買って三〇年、また五〇年と長期でほったらかしにしておけば、株式投資は〝ほぼ勝てる〟のだ。

ただ、これほどの長期投資はかなりの根気を必要とし、ご年齢によっては難

しいかもしれない。そこで、より効率良く収益を得るにはどうすればよいかを考えてみたい。すると、〝下がる前に売って、実際に下がったら買い戻す〟ことが理想的な取引であることがわかる。ネイサンのように自ら仕掛けを作り国債の価格を動かさなくても、相場自体が勝手にバブルを形成し崩壊することを繰り返しているのだから、〝上で売って、下で買い戻す〟機会は何度かあるわけだ。

ところが、その神業のようなことができるのは、チャップリンやバルークのような一部の天才だけである。もし、特殊な勘《かん》により相場の天井を当てることができる天才であればよいが、そうでなければどうすればよいのか。

それは、相場の天井《てんじょう》を当てることはあきらめて、〝暴落が起きた時だけを狙って投資を行なう〟ということである。相場の天井を当てることはできなくとも、相場が暴落した後はそれなりの反発があり、長期で見ると元の水準まで戻し、さらに高値を抜けて上昇する可能性が極めて高い。近年で大きく相場が動いた、二〇〇八年の金融危機の時もそうである。

二〇〇八年の金融危機、それが本格化したのは二〇〇八年九月一五日のリー

相場の真理

1､暴落は永遠には続かない

**1､暴落後、
一旦大底を付けた相場は
大きく反発することが多い**

**1､長い目で見ると
株は必ず上昇している**

マン・ブラザーズが破綻してからである。そこで、金融危機が本格化する前の同年八月末の日経平均株価が危機によってどれくらい下がり、その後どれくらい戻したのかを見てみよう。

日経平均株価は、八月末に一万三〇七二・八七円で、そこから一番下がったところでは二〇〇九年三月一〇日に七〇五四・九八円と四六・〇%も下げている。それが、九ヵ月後の二〇〇九年末では一万五四六・四四円と、大底から四九・五%も上昇している。さらに、二〇一三年八月末では五年前の暴落前の価格よりも高く一万三三八八・八六円に、大底からはプラス八九・八%まで上昇している。

もちろん、大底で投資するのは至難の業ではあるが、それでも下がった時に投資していれば数ヵ月でプラス四九・五%、数年ではプラス八九・八%を得られるチャンスがあったのだ。

アメリカの代表的な株式指数である、NYダウとS&P500で同じように見てみよう。二〇〇八年八月末時点で、NYダウは一万一五四三・五五ドル、

2008年金融危機における暴落率と相場の回復力

	日経平均株価	NYダウ	S&P500
2008年8月末の価格	13,072.87	11,543.55	1,282.83
大底時の価格	7,054.98	6,547.05	676.53
暴落率	▲46.0%	▲43.3%	▲47.3%
2009年末の価格	10,546.44	10,428.05	1,115.10
大底からの上昇率	**49.5%**	**59.3%**	**64.8%**
2013年8月末の価格	13,388.86	14,810.31	1,632.97
大底からの上昇率	**89.8%**	**126.2%**	**141.4%**

S&P500は一一八二・八三ドルであった。それらの大底は、それぞれ二〇〇九年三月九日でNYダウがマイナス四三・三%の六五四七・〇五ドル、S&P500がマイナス四七・三%の六七六・五三ドルと、やはりこちらも半値近くになっている。そこから九ヵ月後の二〇〇九年末に、NYダウは一万四二八・〇五ドルで五九・三%の上昇、S&P500は一一一五・一〇ドルでこちらも六四・八%の上昇である。さらに数年後の二〇一三年八月末では、NYダウは大底から二・二六倍、プラス一二六・二%で一万四八一〇・三一ドル、S&P500は大底から二・四一倍、プラス一四一・四%で一六三二・九七ドルにもなっている。

もちろん、先ほどと同様に大底ピッタリを当てることは難しいが、わずか数ヵ月で一・五倍以上、数年で二倍以上になったわけで、これほどのチャンスが存在していたのである。「データは雄弁に語る。株は下がった時にのみ買え」

――これを勝利の合言葉にしたい。

この章の最後に、投資の神様であるウォーレン・バフェットがその師と仰ぐ

〝バリュー株投資の父〟ベンジャミン・グレアムが好んで使う寓話『ミスター・マーケット』を、グレアムの著書『賢明なる投資家』（パンローリング刊）から抜粋して紹介しよう。

ある個人企業に一〇〇〇ドルの出資をしていると想像してほしい。共同出資者の一人には、ミスター・マーケットという名の非常に世話好きな男がいる。彼は、あなたの持ち分の現在価値に関する自分の考えを毎日教えてくれ、さらにはその価格であなたの持ち分を買い取ってもいいし、同じ単位価格で自分の持ち分を分けてもいいと言ってくる。彼の価値評価が、企業成長やあなた自身が考える将来性に見合っており、適切なものに思えるときもあるだろう。その反面、ミスター・マーケットはしばしば理性を失い、あなたには彼が常軌を逸した価格を提示しているように思えることもある。

もしもあなたが慎重な投資家あるいは思慮深い実業家ならば、自分の出資分一〇〇〇ドルに関する価値評価を、ミスター・マーケットの言葉によって決めるだろうか？　そうするのは、あなたが彼と同意見のとき、また彼と取引したいと望むときだけである。彼が途方もない高値を提示してきたときに全持ち分を彼に売ることができたり、あるいは安値のときに彼の持ち分を買い取ることができれば、それはあなたにとって幸運だろう。しかしそれ以外のときには、事業内容や財務状況に関する報告書に基づいて、持ち分の価値評価について自分なりの考えを持つのが賢明なのである。

（ベンジャミン・グレアム著『賢明なる投資家』）

ミスター・マーケットの寓話は、日々変わる株価を擬人化したお話だ。そしてグレアムは、ミスター・マーケットが提示する株価に一喜一憂するのではなく、自分の物差しで割安な銘柄に投資を行なうことの大切さを説いている。

確かにその通りである。しかし、なかなか自分の物差しで割安な銘柄を見付けるのは難しい。

そこで、もっと簡単な方法をお教えしよう。それは、毎日訪れるミスター・マーケットが死にそうな顔で今にも倒れそうな価格を提示してきた時、皆が不吉がってミスター・マーケットを追い払おうとする時、その時にめいっぱい株を買うのだ。そうすることで、後からミスター・マーケットは満面の笑みを浮かべながらあなたのドアの前に現れてくれるだろう。

第三章

投資の哲学と技術
——マーケットという戦場で生き残るために

平等にして冷徹な「投資の世界」

投資の世界は、ある意味で極めて平等な世界だ。おそらく、これほど万人に平等な世界は、他に類を見ないかもしれない。何しろ、学歴も年齢も性別も、成功の果実をつかむこととまったく関係がない。また、善人であるか、日頃の行ないが良いかといったことも関係ない。投資家になるべき最低限の要件（たとえば証券会社に口座開設できる条件など）を満たし、最低限の軍資金さえ用意できれば、工夫と努力次第で誰にでも広く成功の道が開かれている。

そして、たどり着く先も実に壮大である。近年、ネット上で非常に有名となっている個人投資家「cis」（しす）氏は、元手三〇〇万円から二〇〇億円以上に資産を殖やし、高い注目を集めている。デジタルネイティブ世代の個人投資家で彼を知らぬ者はないほどだ。付いた異名もこれまたすごく、「日経平均を動かす男」。実際、総資産額を考えれば日経平均株価を動かすこともできない話ではないだろう。無名の一個人でも大きな成功を手にすることができるわけだから、実に挑戦しがいのある世界と言える。

ただ、それは裏を返せば「誰でも必ず成功できる」「確実に勝ち組になれる」世界ではない、ということでもある。必勝の虎の巻があるわけでもなく、楽をして成果を手にする方法もない。経験は成功への大きな要因となり得るが、たとえ膨大な経験を積んだとしても大きな負けを喫することは少なくない。今日の勝者が明日の敗者となり、またその逆となることも日常茶飯事である。まさに、運命の女神に翻弄されるような世界であるのだ。

こんな話をすると、「そんな投資の世界で生き残り、成果を勝ち取って行くことなどできるのか？　所詮《しょせん》は運次第だろう？」と思われるかもしれない。さにあらず。実は、投資の世界で成功をつかむ人はある共通するものを持っているのだ。それは、投資に向き合う「哲学」と実際に投資行動を行なう際に活用する「技術」である。この二つを明確に確立できているかどうかが、決定的な違いとなるのだ。

浅井が鮮烈に記憶する伝説の相場師たち

実際、そうした投資の哲学や技術を持ち、自在の相場読みで予測を的中させてきた伝説的な人たちがいる。私は、そういう人たちの知見から自分の投資観や哲学を鍛え、日々投資を実践しているわけだが、私の知り得る投資のプロたちの中でも、特に鮮烈に記憶に残っている人物が二人いる。彼らは、今となってはまず見ることがなくなった「本物の相場師」であり、彼らから学ぶことは非常に豊富で重要なものだった。少しだけ、かいつまんで紹介しよう。

伝説の相場師①——浦宏

話は大分遡《さかのぼ》るが、日本がバブル崩壊の混乱の只中にあった一九九〇年の四月か五月頃、私はこの年の株の大暴落を事前に予測していた人物がいることを知った。浦宏《うら・ひろし》という相場師で、当時『週刊文春』に連載記事を書いていた。

彼は『週刊文春』の正月号で、「九〇年早々から日本の株はとんでもないことになる。それは普通の暴落ではなく、今までとまったく違うトレンドが始まる」と、バブル崩壊のことをはっきり書いていたのだ。正月号に寄稿しているということは、逆算すればクリスマス頃には原稿を書き上げていたことになる。日経平均が上昇の極みにあり、世間がバブルに完全に浮かれていたこの時期に、翌年の暴落を予見していたのだ。私はこの記事の存在を知り、「世の中にはすごい人がいるものだ」と感心して、ぜひ会って話してみたいと思った。

早速アポを取り、浦氏の自宅を訪ねてみると、彼は相当な変わり者だった。宮崎出身で、当時すでに七〇歳くらいだったと記憶する。大柄のギョロ目で、さながら映画『スターウォーズ』の宇宙人『ジャバ・ザ・ハット』を彷彿《ほうふつ》とさせる、迫力ある風貌だった。そして無類の酒好きであり、しかもとにかく高い酒が好きだった。話をする代わりに「ルイ一三世」（高級ブランデー）を持ってこいというので、当時一本一八万円はするそれを私は泣く泣く貯金を取り崩して大事に抱えて持って行った。

てっきり一緒に飲むものかと思いきや、私には一滴も飲ませず、「うまいなぁ」と言いながら半分くらいを一気に飲んでしまった。とにかくケチで変わり者、という人間だったが、相場に関しては圧倒的で、本当に勉強になった。

バブル崩壊以降、私は本業のカメラマンの傍らで経済や金融に関する独自の取材を行なっていた。東京市場の暴落に関わっていたソロモン・ブラザーズについても取材し、そして一九九二年五月、私は徳間書店から『日本発、世界大恐慌!』という本を出版した。私が初めて書いた、経済トレンド本だ。

その年の夏、日経平均はまたしても急落していた。私は相場の行方《ゆくえ》が気になり、TBSの名プロデューサーであったJ氏と共に浦宏に会いに行った。そして、単刀直入にこう切り出した。「先生、株が連日下がっていて、えらいことですね。日経平均はこのまま一万円を割るのでしょうか?」。すると、彼は自分の頬を撫でながら、「う～ん」と唸るばかりで、なかなか答えようとしない。これはダメか? と思っていたところ、J氏が「いやぁ、浦先生でもやはりわかりませんか」と言い、話をうまく引き出してくれた。

浦氏は私たち二人の方にぎょろりと目をやり、こう言ったのだ。「そんなに知りたいのなら、教えてやろうか。お前たちは信じないかもしれないが、日本株はお盆明けに大反発するぞ‼」。

私とＪ氏は、思わずのけぞった。お互い顔を見合わせ、「このじいさん、ついに狂ったか？」と思った。浦氏の家を後にし、帰りの道すがらＪ氏とも話し合ったが、私は彼の予測がとにかく信じられなかった。しかし、相手はバブル崩壊をピタリと当てた、かの浦宏である。何か確たる根拠があるのではないか？　私たちはそういう結論に達した。

念のため、私たちは数日後に再び彼を訪ね同じ質問をしたが、結論は変わらなかった。彼は、やはり何かを確信している。そう感じた私たちは、半信半疑ながら八月の株価を注視した。

はたして、相場は浦氏の言う通りとなった。日経平均は八月一八日に一万四三〇九円まで下落したものの、これが大底となり日本株はここから急反発したのだ。売り優勢と見られていた最中での突然の反騰《はんとう》に、売り方は買い戻しを迫られる。それがさらに株価を押し上げて買い戻しの連鎖を呼び込む「踏み上げ相場」となり、相場は大反発した。日経平均は、わずか三週間で五〇〇〇円弱も上昇、一万九〇〇〇円台（ザラ場）まで回復したのだ。

実は、この株価上昇には明確なウラがあった。竹下登元首相（当時）と野村證券の会長を務めた田淵節也が極秘会談を行ない、郵貯と簡保の公的資金を使って株価を支えることが決まっていたのだ（ＰＫＯ〈プライス・キーピング・オペレーション：株価維持政策〉と呼ばれる介入策）。

おそらく浦氏は、この情報をどこかで仕入れていたのかもしれない。というのも、バブル崩壊の九〇年株価暴落を予測した際にも、これを仕組んだソロモン・ブラザーズに彼は〝スパイ〟を放っていたらしいという情報があるのだ。今となってはその真偽を質《ただ》すことはできないが、あれだけの大相場を見抜いていたのだから、何らかの特別な情報源を握っていた可能性は高いだろう。

さて、私はこの時「せっかく得た情報だから」と、思い切って株を買ってみた。合計三〇〇万円ほどを投資し、株価大反発によって約三割、九〇万円ほどの利益を手にすることができた。額にすればそれほどでもないが、わずかな期間で三割もの利益が出せたのだから上々だ。私はそのことに満足していた。

しかし、その上機嫌から一転、悔しい思いをする出来事が起きる。

伝説の相場師②――ミスターX

株価大反騰でささやかな利益に上機嫌だった頃、私はもう一人の伝説的な相場師と出会った。名前は明かせないため、ここでは〝ミスターX〟氏としておこう。X氏は、浦宏と並ぶか、あるいは浦宏を超えるほどの天才的な相場師だった。若い頃から株で稼いでいたが、顧客のお金を運用していて読みを外し、わずか数週間で大きなマイナスを出してしまったそうだ。多額の借金を負い、その後死ぬほどの思いをして返済したという。

しかし、その経験から多くを学び、売買技術や相場に対する感性を磨いてきたのだろう。そのことは彼が話してくれたことからも随所に感じられた。

X氏の自宅に伺った時、最も印象的だったのが彼の蔵書《ぞうしょ》だ。株をやっている人なのに、株や投資関係の本が一切ないのだ。代わりに本棚に並んでいるのは、聖書や論語といった類《たぐ》いのものだ。他にも世界の古典がずらりと並んでいた。彼はよく「こういったものをすべて理解しない限り、相場に強くはなれない。人間というのは、根本に哲学がないと相場なんかできないのだ‼」と言っていた。彼は、私に哲学の重要性を教えてくれた。

また、技術についても多くのことを教わった。それらは今でも通用し、また非常に参考にもなる。一例に触れると、「現物株取引を行なう場合、小型株はやめておけ。大型株のみやれ」と言うものだ。小型株は出来高が少ない。見通しを外すと逃げられなくなる危険がある。損切りができず、致命傷を負う可能性があるのだ。そのため、十分な出来高があり常に売り買いが成立する大型株をやれ、ということなのだ。

彼の相場予測は、とにかく卓越していた。何しろ、相場の天井と底を驚くほどピタリと当て、ほとんど間違わないのである。そのノウハウについては、何度も聞いたがついに教えてはくれなかった。本人は、「勘だ」などとはぐらかしていたが、あれほどの的中精度が勘であるなど、まずあり得ない。何らかのノウハウが、必ずあったはずだ。

そんなX氏だが、いわゆる聖人君子とか人格者とか、そういう部類ではなかった。というか、どちらかと言えば人格破綻者寄りというべきか。浦氏同様、X氏もまた酒飲みであった。酒癖が悪く、酔っぱらうと怒鳴り散らし、手が付けられない。はっきり言って、酒乱に近い。家を訪ねると、奥さんが苦労している様子が伺えた。ちょっとでも機嫌を損ねれば、すぐに酒杯が飛んでくる。一度など、一升瓶が飛んできたこともあった。私は彼に会うたび、いつか叩き殺されるのでは、と恐怖していた。

さて、そのX氏と先ほどの九二年八月の株価大反騰の直後に会った時、私は浦氏の予測の件を伏せ、夏の大相場でそこそこの利益を上げたことを話したが、その時受けた衝撃と悔しさは今でも鮮明に覚えている。

X氏は私の話を聞くや、「ワッハッハ」と笑い出し、こう言いだしたのだ。「お前は現物や先物は知っていても、オプションというものを知らないだろう？」

当時、私はオプション取引の存在を知らなかった。そこでX氏に概略を教えてもらったのだが、そのすさまじい破壊力に度肝を抜かれたのだ。
X氏「あの大底でコールオプションの九月物を一〇〇万円買った奴がいる。大儲けだ。いくらになったと思う？」
浅井「五〇〇万円くらいですか？」
X氏「ばか！　四億だよ、四億。本当に四億円になったんだよ」
私は耳を疑い、X氏に聞き返した。
浅井「それ、何かの間違いですよね？　四〇〇万か、せいぜい四〇〇〇万ですよね？」
X氏「いや、間違いなく四億だ。五円で買ったコールが二〇〇〇円になったんだ。つまり、四〇〇倍だ。たった一〇〇万円の元手を三週間で四億にした男がいるんだ。お前もバカだなあ。お前がオプションを知っていればなあ。現物株ではなくオプションをやっていれば、お前の財産は四〇〇倍になっていたよ」
三〇〇万円投資して九〇万円の利益に喜んでいた私の横で、一〇〇万円を四億にした人間がいる――私は、自分の無知がこれだけの結果の差を生むことにがく然とし、心底悔しい思いをした。

そして、投資の世界の幅広さ、奥深さを知ると共に、投資は哲学だけではなく、どんな相場局面でどの投資対象を用い、どんな技術で臨むのかも極めて重要であることを、この時苦い思いと共に知ったのだ。

投資の成功において、哲学と技術はどちらがより重要ということはない。いずれも、極めて重要である。戦略や知略だけに長けていても、武器や用兵がまずければ戦には勝てない。逆に、最新の武器や高度な用兵を駆使していても、戦略なき者に勝利は訪れない。車の両輪のごとくいずれも鍛え上げ、磨き上げて行くことが必要なのだ。

人間は元来、投資に不向き？

さて、いよいよ投資の哲学と技術に話を移して行くが、その前にまず「己を知る」ところから始めよう。

と言ってもあなた自身のことではない。一般論としての「人間」の話だ。なぜ、人間を知る必要があるのか。それは、投資とは単に「モノを売り買いすること」ではなく、「人間の思惑に財を投じる行為」だからだ。

たとえば株式投資で言えば、ある会社が発行した株式を売買するわけだが、それは単に「その会社の株を買う／売る」ことに留まらない。取引に参加する自分とその取引に応じる他者の思惑が入り交じり、その中で価格が一致した時に取引が成立するのだ。「相対取引《あいたいとりひき》」であれば二者が互いの思惑をうまく探り、落としどころを決めなければ取引は成立しないし、「市場取引」であれば取引参加者の心理をうまく汲《く》み取れる方が投資に有利となる。

つまり投資とは、人間を相手にした駆け引きであって、そこには多分に心理的要因が大きく関わってくるのだ。したがって、人間心理を知ることなしに成功の道を歩むことは難しいと言ってよい。

また、知るべき心理も一つではない。自分の心理も、相手（市場なら不特定多数）の心理も知る必要がある。まさに孫子が言う「彼を知り己を知れば百戦殆《あや》うからず」なのだ。

さて、その人間だが実は最新の研究によると人間は、元来投資に不向きな傾向があることがわかってきている。このことを紐解《ひもと》くのが「行動経済学」という新しい学術分野だ。経済を心理学的な側面から分析するという、とてもユニークなアプローチを取っている点が特徴だ。

従来からある経済学では、人間は「経済合理性」に従って意思決定を行ない、経済行動を取ることが大前提になっている。「経済合理性」とは、人間が何か判断を下す時、経済的な価値基準に沿って合理的に利益を得られるような選択をするという性質のことだ。簡単に言えば、（個々の）人間は、必ず自分の利益になる選択をする、というのが経済学の大前提となっているのだ。

しかし現実世界では、人間はまったくもって矛盾だらけの意思決定を下している場合が多い。損する可能性が高いのに高値でモノを買ってみたり、逆に極めて高い価値があるはずのものを無視したりするのだ。経済学とは矛盾する判断がなされるその理由を、人間の心理から紐解いて行こうというのが行動経済学の眼目である。

これは、投資における意思決定について極めて重要な示唆《しさ》を与えてくれる。実際、行動経済学の一分野である「行動ファイナンス」では、人間の感情や心理的なバイアス（偏り）が投資行動にどう影響するのかを研究している。

投資の世界とは、究極の「意思決定の集積」であり、言わば「人間心理の坩堝《るつぼ》」である。いかなる投資対象も、算出可能な理論的価値とはまったく別の価格付けがなされ得る（というより、ほぼ常にそうである）が、それは現実に取引するのが人間同士であり、個々人の様々な思惑がそれぞれの意思決定に影響するためなのだ。矛盾を抱えた人間が矛盾を抱えた意思決定を行なった結果、理論的・論理的にはあり得ない事態がしばしば起きるのである。

かくいう私も、そして読者の皆さんもその例から漏れることはない。どんなに注意していても、投資に不向きな性質が邪魔をして、投資における意思決定を狂わせることになる。まず、そのことを理解しているかどうかが、投資における成功をつかむ上で非常に大きな差となるだろう。人間の「心理的バイアス」はいくつも発見されているが、その中でも代表的なものをいくつか見て行く。

■プロスペクト理論

不確実な状況下での意思決定で、人間の心理がどう働くかを研究しモデル化したものが「プロスペクト理論」だ。投資の世界は確実な正解がなく、同じような状況・局面で利益を得ることも損失を被《こうむ》ることもあり得る。そうした不確実な状況で人がどのような心理状態になり、どう意思決定を下す傾向があるのかを紐解くのがこの理論だ。

まず、人間は「利益を得る満足」よりも「損失を被る苦痛」をより大きく感じる傾向がある。これは心理学の実験によって実証済の傾向で、その方法である「コイン投げ」の実験は非常に有名なものだ。ここでその詳細の説明は割愛するが、興味がある方は行動経済学の書籍をあたってみるといいだろう。人間全般にこの傾向があることで、多くの人は「なるべく損を回避するように意思決定する」ようになるのだ。

このプロスペクト理論から導き出される人間の傾向は、他にもある。「感応度逓減性《ていげんせい》」というもので、これは利益や損失の絶対値が大きくなるほど満足や苦痛の感覚が鈍って行くというものだ。一〇万円が九万円になるより、一〇〇万円が九九万円になる方が苦痛は小さく感じるという人は多いが、これがまさしくそうだ。同じ一万円の損失なのに、投資の絶対額が大きいと苦痛は小さく感じる。この「感応度逓減性」によって、多くの人は利益が出ている取引ではなるべく早く利益を確定させたいと考える一方で、損失が出ている取引では取引を継続する選択をしがちになる。

もう少し細かく見てみると、利益局面で生じる心理とは、「我慢して利益が倍になっても喜びは倍にならないが、もし利益が減少してしまえば喪失感は大きい」というものだ。逆に損失局面では、「我慢して損失が膨らんでも苦痛はそれほど増えないが、待って損失が減れば苦痛は大きく和らぐ」と考える。その結果、利益は早く確定させたいし、損失はなるべく確定させないという意思決定がなされるのだ。

この意思決定は、投資判断としては致命的な〝悪手〟である。なぜかと言えば、投資の成功とは、長期的に見て損を少なくし利益を大きくすることだからだ。極めて初歩的な話だが、投資の世界には全戦全勝は存在しない。また、一度切りの取引で一生分の財産を築いて終わりというわけにも行かない（それは投資ではなくギャンブルだろう）。取引を積み重ねれば勝ち続ける時も負けが込む時もあるが、重要なのは勝率ではなく、累積利益が累積損失を上回ることである。「損を少なく、利益を大きく」できるのならば、たとえ一勝九敗でもその投資は成功と言えるのだ。

今一度、確認しよう。プロスペクト理論で明らかになった人間の性質とはどのようなものか。それは「利益は早く確定させたいが、損失はなるべく確定させない」というものだった。仮に、勝敗の確率がほぼ五分だとしても、利益は早く確定させたいため相対的に少なく、一方で損失はなるべく確定させないため相対的に大きくなりがちとなる。つまり、人間は傾向的に「損大利小」という、投資にはまったく不向きな判断を下す傾向があるということなのだ。

これだけではない。人間には、合理的な意思決定を妨げる心理的な働きが他にもある。行動経済学の源流の一つである、心理学の世界でよく知られている「認知バイアス」がそれだ。直感やこれまでの経験によってでき上がった先入観によって、合理的判断を妨げる現象が認知バイアスだ。いくつものバイアスが心理学の実験で確認されている。これらのうち、特に投資判断に重大な影響をおよぼし得るものをいくつか紹介しよう。

■確証バイアス

自分が信じる仮説や信念などを検証する時、それを支持する情報ばかりを集め、反証する情報は無視しあるいは集めようとしない傾向を「確証バイアス」という。たとえば、株式投資である銘柄が期待できると注目し始める。すると、その銘柄に対して好意的なニュースや情報は積極的に取り入れる一方で、否定的なニュースなどには「信憑性《しんぴょうせい》が薄い」などとして無視したりすることがある。

そして先入観で縛られた投資判断を行ない、大きな損失を被るというものだ。

残念ながら、これはほとんどの人間に備わっている傾向で、その影響は投資に限らず広範におよぶことがわかっている。特に重要なものとして、たとえば学術研究において科学者たちは往々にして自分たちが立てた仮説に都合の悪いデータを無視、あるいは選択的に解釈するといった傾向がはっきりとわかっている。一般人と比べてもはるかに優秀で、また合理的思考を持ち合わせているであろう科学者ですらその有様である。多くの人々にとって、このバイアスは少々意識したぐらいで簡単に覆せるものではないということだ。

■正常性バイアス・自己過剰バイアス

人間は、自分に都合が悪い情報を無視してしまうという傾向がある。有名なのは、災害時における人間の振る舞いだ。自分が置かれている状況が最悪であることをイメージできず、「まだ大丈夫」「すぐ収まる」などと考えてしまい、逃げ遅れたりより大きな被害を受けたりするというもので、これは「正常性バイアス」と呼ばれる。投資においては、「この程度の損失ならまだ大丈夫」「これ以上株価は下落しない」と根拠なく考え、必要な判断を先送りにして傷口を大きく広げてしまうといった弊害が出るのだ。

これに似たようなものである「自己過剰バイアス」にも注意が必要だ。現実以上に自分は情報や能力を持っている、相場の動きを読み切っているという過信から、間違った判断をしているというものだ。投資家の相当数がこの心理に陥っていると言われるが、実際にそれを自覚できる投資家が極めて少ないという点がより厄介なものだ。

■アンカリング効果

「アンカリング効果」とは、自分が知っている物事や過去の数字などにこだわってしまう傾向のことだ。「アンカリング」とは、英語の「アンカー」(いかり)に由来する言葉で、ある特定の物事や数字が「いかり」のごとく心理的に引っかかり、判断が振り回されてしまう様を表す。投資においては、たとえば

人間には様々な“認知バイアス”が存在する

確証バイアス	真実性錯覚効果
根本的な帰属の誤り	感情バイアス
確実性効果	認知的不協和
コンコルド効果（埋没費用効果）	ピグマリオン効果
観察者バイアス	自己奉仕バイアス
自己中心性バイアス	一貫性バイアス
連言錯誤	保守性バイアス
投影バイアス	同調バイアス
生存者バイアス	内集団バイアス
バンドワゴン効果	スノッブ効果
正常性バイアス	現在バイアス
後知恵バイアス	代表性バイアス
現状維持バイアス	保有効果（授かり効果）
損失回避性	ダニング・クルーガー効果
フレーミング効果	ピークエンド効果
初頭効果	ハロー効果
アンカリング効果	バーナム効果
情報バイアス	楽観主義バイアス
悲観主義バイアス	自己過剰バイアス
フォン・レストルフ効果	メンタルアカウンティング

過去の高値を意識してしまい、今よりもさらに高値になるだろうと思ってしまう「高値覚え」というものがまさにこれに相当する。

投資を行なう上で、相場の節目に当たる目安の数字というものはそれなりに重要な意味を持つが、これに意識を奪われて思考が振り回されてしまうと、致命的な判断ミスをしてしまう危険がある。

この他にも、「フォン・レストルフ効果」（好みに関係なく、印象深いものや目立つものを脳が優先的に記憶する現象）や「現状維持バイアス」（変化を嫌い、現状を維持したい傾向）、「後知恵バイアス」（当たった予想は記憶に残るが、当たってない予想は忘れるため、記憶の中で自分の予想的中率が水増しされる現象）、「メンタルアカウンティング」（同じ金額の商品でも提供場所や状況、出所などによって感じ方が変わる現象）など、投資判断に影響をおよぼす可能性のあるバイアスはいくつもある。

合理的であるべき投資判断に、これだけの心理学的な障害要因があるというのは、ある意味衝撃的なことかもしれない。万人が「常識的」と考える判断を行なう人間は、そのままの状態では投資で成功することはまずおぼつかない。逆説的だが、「非常識」な「変人」や「奇人」、あるいは「あまのじゃく」などと揶揄されるような人の方が、投資の成功に近いとも言える。実際、私が知っている「投資のプロ」や「伝説の相場師」の類いは、ほぼ例外なく「変人」「奇人」の類いであったし、中にはほとんど人格破綻しているような人すらいた。

こんな話をすると、「じゃあ、常識的な生活を送っている私など、投資に手を出してもどうせうまく行かないだろう」などと考える人も多いかもしれない。しかし、あきらめるにはまだ早過ぎる。ここで必要となってくるのが、投資の「哲学」と「技術」というわけだ。

投資行動を律する「哲学」と「鉄則」

もし、あなたが手っ取り早く投資に成功する秘訣をここで知りたいのだとしたら、残念だがここではっきり断言しておこう。そのような知識や方法はどこにもない。なぜなら、人間に根深く染み付いた心理バイアスに対抗し、投資の成功に見合った投資判断が下せるようになるには、訓練が必要だからだ。

そして、その訓練とは単に「反復作業」の連続ではない。相場動向だけでなく、自分の思考や行動を客観的に観察し、何をどう改善すればよいのかを見極めることが極めて重要となる。投資というものを探求し、成功するための自分なりの結論を探し当てるということで、これが投資の「哲学」というものだ。

ただ、何もないところから自身の「投資哲学」を確立するのはかなり難しい。やはり、先人たちの「投資哲学」に学び、実践を通じて自分の哲学を打ち立てて行くのが王道だろう。そこで、選《え》りすぐりの投資哲学をいくつか見て行こう。

投資哲学① ルールを守る

投資において、「ルールを守る」ことは基本にして最重要であり、実は最も難しいものだ。この「ルール」とは、何か投資の世界に決まっているものではなく、自分が投資行動をする上で「これはやる」「これはやらない」と決めたもののことだ。内容は何でもよいのだが、それを「必ず守る」というのがこの哲学の本質だ。

自分で決めたルールでも、時にそれを破りたくなる（特に大きな利益が得られそうな局面などがそうだ）のが人情というものである。実際、驚くほど多くの人たちがこの最低限の原則を守れていない。というより、これを墨守《ぼくしゅ》できる投資家はほとんどいないとすら言ってよい。

逆に言えば、実直に「自分のルールを守る」ことができるなら、その人はそれだけで圧倒的に投資の成功に近付くことができる。この後に触れる、いかなる哲学・鉄則も「必ず守る」ことが大前提だからだ。もし、あなたが投資の成功を真剣に望むなら、この哲学だけは絶対と心得ていただきたい。

また、「ルールを守る」という哲学に関連して、必ず守るべき「鉄則」についてもいくつか触れておこう。

■鉄則1：余裕資金で投資すること

投資では、利益を得られる可能性も損失を被る危険もある。長期的に自分の勝ちパターンを編み出し、投資の成功者になる人がいる一方で、ギャンブルよろしく自身の財産をすべてつぎ込み、生活も人生も崩壊してしまう人もいる。

投資を行なう上で絶対に守らないといけないのは、「究極的に負ける」事態を避けるということだ。「究極的に負ける」事態とは、財産がなくなることで生活が崩壊するような状態だが、そこまで行かなくとも「二度と投資ができない状態」に陥れば、それは「究極的な負け」に等しい。

投資は長く続けることで成功に近付く。なぜなら、一〇年単位で俯瞰《ふかん》すれば「どんな素人でも利益を上げられる」わかりやすい局面が一度くらいは訪れるからだ。なるべく軍資金を絶やさず、そうした絶好の機会に投資行動が取れるようにしておくだけでも、投資の成功にぐっと近付けるのである。そのためには、余裕資金を常に確保しておくべきだ。

また、大き過ぎる精神的ダメージを負わないことも非常に重要だ。迂闊《うかつ》に無謀《むぼう》な勝負に出て致命的に負ければ、精神的に傷を負い「もう二度と、投資はやらない」という心理状態になってしまうことも珍しくない。そうなってしまえば負けである。人生のどんな物事でもそうだが、特に投資は「あきらめれば負け、あきらめなければいずれ勝ち」という様相が特に強い。連敗が続いても、投資に対する意欲を切らさないことが重要で、そのためにも致命的な精神ダメージは絶対に避けなければいけない。常に余裕資金の範囲内で投資するという鉄則は、そのためにも絶対に死守すべきである。

■鉄則２：損切りルールをあらかじめ決める

投資の世界では「利大損小《りだいそんしょう》」の考え方が重要だが、「利益を大きくする」ことよりも「損を小さくする」ことの方がより重要である。なぜなら、損を小さくすることは工夫次第である程度可能だからだ。実は、利益の大きさは投資対象や投資手法によって大体決まっており、それ以上の利益を追求しようとすると相応のリスク（損失を被る可能性）も負わなければならなくなることが多い。

したがって、損失をいかに抑えるかが投資の成功の重要なカギとなるのだ。

損失を抑える最も重要な鉄則は、「損切り」を徹底するということだ。当初の見込みが外れ、損失を被ることは投資ではよくあることである。しかし、その損失を大きくするか小さく抑えるかは、損失が出た時の投資判断で大きく変わってくる。多くの投資家は、損失が出ると「もう少し待てば損が少なくなるだろう」などと根拠の薄い期待を持って決断を後回しにし、結果として傷を広げるということをしてしまう。こうした、典型的な失敗を回避することである。

投資行動に出る時には、利益を得られる可能性だけでなく、損失を被る可能性も考えておかねばならない。そして、どの程度の損失まで許容するかも「あらかじめ」決めておき、実際に許容限界まで損失が膨らんだら、迷わず「損切り」を実行することが成功のカギである。

■鉄則3：投資に「絶対」はない。常に冷静たれ

どんなに優れた投資家でも、長年取引を続けていれば想定外の事態に一度な

らず出くわす。それは、相場が人間の心理の集合体であり、そして人間の心理とは、単なる損得勘定だけではない様々な思惑によって変化するためだ。

しかし、投資経験をそれなりに積み、知識や独自の投資手法を確立し始めると、たいていの人はそれに慢心して「自分のやり方、考え方は絶対」「こうやれば必ずうまく行く」と思い込んでしまうようになる。そして、自分のやり方に反して相場が逆に動くと、「それはあり得ない」「相場が間違っている」などと感じ、感情的になってしまう。

しかしながら、投資には「絶対正しい法則」も「必ず勝てる方法」もない。相場がいかに不可思議な動きをしようとも、それに合った投資判断を下すのが「正しいやり方」であって、自分の経験や知識、方法が正しいということはないのだ。

また、自分の思った通りにならないからと感情的になるのは論外である。感情は、投資判断にとって大敵である。冷静に判断が下せないほど感情的になったら、一切の投資判断をあきらめて冷静になれるまで投資から距離をおかなければならない。

投資を行なっていると、様々な感情（しかも極めて強力な感情）が沸き上がってくることがある。予想が的中し、大きな利益をつかんだ時の喜び、その逆にうまく行かなかった時の失望感や怒り、なかなかコトが進まないことへのいら立ち、すべてを失ってしまうかもしれないという恐怖……そのいずれもが自分の足元をすくう、極めて危険な判断ミスを招き得るものばかりである。くれぐれも過信を慎み、「自分は今、冷静でいるか」と問いかけ、自己を冷静に分析することを心掛けたい。

投資哲学② 負けを恐れるな。負けから学べ

特に投資の初心者や未経験者にありがちだが、「損失を被ることが怖い」「投資は損をするからやりたくない」という話をたまに耳にする。だが、ハッキリと断言しよう。こういう「損したくない」が先んじる思考回路は、投資においても、もっと言えば人生においても〝負け組〟のものである。なるべく早くそ

こから脱却すべきだ。

投資に限った話ではないが、私たちは日々様々な変化の中を生きている。時には非常に大きな出来事に直面し、それまでの常識を完全に覆されることすらある。しかし、あえて冷徹な言い方をすれば「得るものがあり、失うものがあるのが人生」である。

人間は誰しも、最後には「死」という形ですべてを失う。それまでにも、大切な人との絆を得てはそれを失い、仕事を得ては失いと、実に様々なものを手に入れ、そして失うのである。資産ばかりが一定不変で失うことがないということなど、決してあり得ないのだ。

投資をすれば、得ることも失うこともある（正確に言えば、投資をしなくても財産を失う可能性は十分にある）。これは、受け入れなければならない事実だ。

ただ、やみくもに負けることを受け入れるべき、という話ではない。自身の未熟や無知などによって、本来なら失わなくていいものまで失う必要はないのだ。特に投資の世界では、「負けから学ぶ」ことが極めて重要となる。その負けがいかなる工夫を持ってしても覆らないのか、やり方次第で「負けない」ようにできるのかがわかれば、次の機会には「負けない」判断ができるようになる。「投資の神様」と呼ばれる天才投資家、ウォーレン・バフェットの有名な投資哲学に「ルール一：絶対に損をしないこと。ルール二：ルール一を絶対に忘れないこと」というものがあるが、負けから学び、しなくていい損は絶対にしないことは、投資の成功を目指す上で絶対的に重要なのだ。

投資哲学③ 先人に学ぶ

投資の世界には、実に多くの格言やことわざが残されている。これらの言葉は、投資に真剣に向き合い成功を模索した先人たちの知恵が凝縮されていると言えるだろう。

こうした言葉の意味することをじっくりと噛《か》みしめ、自分の投資経験とも照らして行けば、自分がどのように投資に向き合い判断をして行くべきかを知る、大きな手掛かりとなるだろう。ごくごく一部だが、いくつか見て行こう。

■投資格言1 『頭と尻尾はくれてやれ』

株式投資などでよく登場する相場格言に、『頭と尻尾はくれてやれ』というものがある。株に限らず、相場には大きく上下するタイミングがあり、そこで最大値幅を取れれば非常に大きな利益になるわけだが、そういう値動きの「天井値」（頭）と「底値」（尻尾）を見極めるのは極めて至難である。

相場が動意《どうい》付いたタイミングを見極めて取引を始め、他の投資参加者が取引を終了する直前に取引を終わる――多くの人間心理が渦巻く中で、これを狙い通りに行なえるのは奇跡に等しい。それよりも、相場が動き始めて少々様子を見てから参入し、皆が「まだ先がある」と思っているうちに手じまいして、そこそこの利益を手堅く確保する方が賢明だ。

投資の成功とは、「勝率を上げること」でも「最大利幅を狙うこと」でもない。長期的に見て、リターンが損失を上回る状態を作り上げることである。食べ物における「頭と尻尾」はなるべく無駄なく使い切った方がいいが、相場における「頭と尻尾」は不確実性が高く、「投資の成功」を目指す観点では非常に不向きである。「もったいない」と拾うより、しっかりと切り捨てたい。

■投資格言2『人の行く裏に道あり花の山』

この句は、茶道を大成させた千利休が詠んだもので、「美しい花を見たいなら人とは違う裏道を行け」といった意味合いのものだ。相場においては、利益を得たければ人とは違うことをせよ、という意味になる。

投資を続けていると、投資の世界にも流行があるということに気が付く。「今△△が熱い」「××をやらずして投資家にあらず」などのあおり文句まで付いて、猫も杓子《しゃくし》もその投資に飛び付くといったことはいつの時代にもあるものだ。

昨今では、SNSがそうした流行の加速に一役買っている側面もあり、多くの人たちがそうした話に踊らされている。そして、そうやって飛び付いた人々は、お決まりのように損失を被って投資の世界から退場して行く。

残念なことに、投資の世界には「みんなが利益を得られる」話などそうそうない。むしろ人が群がっている投資は大体相場が過熱気味で、その過熱感から早々に値崩れを起こす傾向にある。そうした局面では、初心者はもちろんのこと投資経験者ですら逃げ切るのは容易ではない。高値づかみの後に大損を被ることがしばしばなのだ。

ただ、投資の世界は広い。人が群がりブームになっている場所以外にも、利益を得られる場所などいくらでもある。むしろ、人気の少ない裏山《うらやま》に見事な花の見どころがあるごとく、あまり注目されていないものの手堅く利益を得られる場所が残っていたりするものだ。投資の成功を目指すなら、流行を追いかけるより「裏山」を探す方がよほど賢明と心得たい。

■投資格言３『相場は明日もある』

投資に熱中し始めると、どうにかして目の前の相場からチャンスを見出そうとするようになりがちである。「これを逃せば、次はないかもしれない」などと焦りを抱いたりするわけだが、それはただの思い込みだ。「絶対」と言えることなどほとんどない投資の世界だが、これだけは断言できる。「これを逃せば次のチャンスはない」などという相場は、「絶対に」ない。

リーマン・ショックの際、市場が大荒れに荒れて「一〇〇年に一度」などと騒がれたが、それから一〇年ちょっとで到来した「コロナショック」では、リーマン・ショックにも並ぶかというほどの急激な相場変動が起きた。「世界恐慌級」の大相場ですら、一〇年もあれば再び巡ってくるのだ。

年に数回程度の大相場なら、一度くらい逃したとしても何も惜《お》しがることはない。むしろ、何が何でもチャンスを活かそうと焦ったり慌てたりして重大な判断ミスを下す方が、はるかに危険である。鉄則三の「冷静たれ」にも通じることだが、相場は明日以降もあり、同じくチャンスもいくらでも訪れることに思いを致したい。

投資哲学③　歴史上の人物や哲学・宗教に学ぶ

また、あまたある相場格言だけでなく、投資とは一見関係のない先人たちからも大いに学ぶべきことがある。特に、歴史上の大人物から得られる知恵は、現代を生きる私たちの投資判断にも大いに参考となるだろう。

投資の成功には知識や経験、技術が重要であることは、多くの人が認識していることだ。しかし、本当に優れた投資家や相場師たちは、それ以上に自分自身や他の人間の心理を知ることが極めて重要であることを知っている。自分をいかに律し、成功に導くのか。様々な状況下で人はどのように感じ、行動するものなのか。こうした「人を知る」ことが重要なわけだが、そのために極めて有用なのが、歴史上の大人物や重要な哲学書、宗教書などだ。

歴史上の大人物は、その時代に偉業を成しており、その人となりや様々な逸話から、成功のヒントを学ぶことができる。それはビジネスの成功だけでなく、投資の成功にも通じるものが多いのだ。

ここでは一例として、戦国時代の名将・武田信玄について見て行こう。

■戦国武将――武田信玄

武田信玄と言えば、戦国時代屈指の猛将というイメージが強いだろう。「風林火山」という旗印を掲げ歴戦を勝ち抜いたという逸話からは、「豪放磊落《ごうほうらいらく》」という人物像が浮かび上がる。高野山成慶院《せいけいいん》に所蔵される肖像は、トラが獲物を睨《にら》み付けるかのごとくどう猛な目をしており、信玄のイメージをよく表したものとして有名だ。

しかし近年の研究では、この肖像は武田信玄ではないという説が有力になっている。実は、この肖像画にはおかしい点が二つもあるのだ。まず、刀に入っている家紋が「剣花菱」(武田家の家紋)ではなく「二引両紋」である点。もう一つは、この画を描いた長谷川等伯はこの時期に信玄と接点がなかったであろうという点だ。

では、本当の武田信玄とはどんな人物像だったのか。現在有力とされるのは、高野山持明院に所蔵される武田晴信像だ。こちらは、信玄の弟である武田信廉の作とされ、全体的に細身で長谷川等伯のものに比べると迫力や威圧感が少ない。しかしながら、現在ではより信頼に足るのはこちらの方だと言われている。

そして信玄のその人となりも、この肖像のイメージに似つかわしい、柔和《にゅうわ》な

武田信玄像（模写：松平次郎寫　東京大学資料編纂所　原典は長谷川等伯 作　高野山成慶院所蔵）
長い間、この肖像画こそが武田信玄像に近いとされてきた。豪放磊落と言われる人物像には確かに近いが……。

参謀タイプだったそうだ。慎重かつ用意周到で、戦においても兵の力や数にものを言わせて力業でねじ込む豪放なやり方ではなく、しっかりと兵站《へいたん》（兵器や食糧）を確保して臨んでいたそうだ。

一生のうちに一三〇余りもの合戦を行ない、〝戦国時代で最強〟とまで謳《うた》われた信玄だが、実は戦に対する哲学は極めて堅実だった。旗印である「風林火山」の意味を考えれば、何やら好戦的で容赦《ようしゃ》のない武田軍団を想起させられるが、当の信玄は「大勝するより負けぬこと」が信条で、家臣や兵たちが戦死することを嫌っていたという。そして、「戦で勝つのは次善。最善は戦わずに敵を従わせること」と考えていた。この戦略観の源流は、春秋時代の孫武による兵法書「孫子」にある。また「風林火山」の旗印も、「孫子」の軍争篇にある「疾如風、徐如林、侵掠如火、不動如山」から引用したものだ。

戦国当時、多くの武将たちは戦争の勝敗は天運が決めるものと考えていた。戦に勝つには天意に沿《そ》う必要があり、神頼みを行なうことも当たり前だった。しかし、信玄は戦の勝敗には天意など関係なく、どのような計略、作戦を用い、

武田晴信像（高野山持明院所蔵）　武田信廉 作
こちらが実際の武田信玄像に近かったのではないかと、現在では考えられている。

いつ、どこで、どんな戦法を用いて戦うのかが勝敗を左右すると考えていた。それはまさに「孫子」の教えである。信玄が戦に先んじて周到に準備していたのは、「孫子」に従っていかに「負けず生き残るか」に真剣に向き合うがゆえであった。そして、その当然の結果として、数多《あまた》の戦を生き抜いたのだ。

これは、投資の成功を考えるにおいて極めて重要な示唆《しさ》を与えてくれる。投資も、血こそ流れないものの日々の取引が勝負であり、戦のようなものである。時に大勝することもあるかもしれないが、分の悪い負け筋の日も少なくない。そうした劣勢《れっせい》をいかに切り抜け、傷を少なくするかが生き残りの最重要課題になってくる。いかに負けぬよう準備するか、いかに劣勢でも生き残るか——信玄の哲学・生き様は、すべての投資家が大いに参考とすべきものだ。

■兵法書——「孫子」

武田信玄が学び、活かした「孫子」は、古今東西の兵法書の中で最も著名であり、普遍的かつ重要な内容を持つ書籍だ。戦国武将では、天才軍師の異名を持つ黒田官兵衛も学んだとされる。

紀元前五〇〇年頃の中国春秋時代の軍事思想家・孫武が残したとされ、中国戦国時代にはすでに古典としてその重要性が広まっていた。日本には平安時代初期にはすでに伝来しており、南北朝時代の楠木正成なども学んだという。

現在では、日中のみならず多くの言語に翻訳されて世界中に広がっており、かのナポレオンも孫子を参考にしたという。また、軍略に留まらずビジネスの世界でも極めて示唆に富んだ内容として高く評価されており、マイクロソフトを創業したビル・ゲイツが愛読していることでも有名である。

時代や国を超えて愛読されるほどにその内容は普遍的であり、また極めて実践的な示唆に富んでいるわけだが、実はそれほどの大著というわけではない。一三編からなる全文を現代語に訳しても、通読するだけなら一、二時間程度もあれば十分だ。

しかし、普遍的であるがゆえに、単に通読するだけですぐに役立つものではない。それを現実の判断や意思決定に落とし込み、自分なりに活かして初めてその威力を知ることになるのだ。国や会社の存続と繁栄を目指す為政者や経営者たちが、様々な難局や課題に直面しそれを解決する道しるべとして孫子を紐解くと、驚くほどに多くの示唆や啓示をもたらしてくれる。

投資とは、見方を変えれば戦国を生き残ることに似ている。多くの利害関係者がしのぎを削る相場を舞台に、日々生き残りをかけるわけだが、そうした中で「孫子」は非常に重要なヒントを数多く提供してくれるだろう。実際、私が知っている著名投資家や伝説の相場師たちにも、孫子を愛読している人は多かった。投資の成功を志すなら、だまされたと思って一度は手にしてみることを強くお勧めする。

投資哲学④ 自分の方法を確立する

人それぞれに生活のリズムやペースがあるように、投資にもその人に合ったやり方や向き合い方というものがある。毎日決まった時間に決まった方法で投資に取り組むのが性に合う人もいれば、一度投資したら半年程度はほったらかしておくのがよいという人もいる。ここぞ、というタイミングを見極めて売買をすることに魅力を感じる人もいるし、細かいタイミングは置いておいて長期の流れを見極めるスタンスが合う人もいる。

投資に成功している人に共通しているのは、おしなべて「自分の投資スタイルを確立し、そこから逸脱することなく投資に取り組んでいる」という点だ。

これは、非常に重要な事実だ。投資に本格的に取り組み始めて間もない人の場合、この「自分のスタイルを確立する」というのはかなり難しく感じることだろう。何しろ、日々様々な知識を吸収し、相場を通じていろいろな経験を積み重ねる過程で、様々な試行錯誤が必要な段階である。「何が自分に合うやり方か」を見極めるなど、到底およびもつかないだろう。

そこで、一つのヒントとして、自分の投資スタンスを確立するために意識的に行なうべきことを挙げておこう。

まず、いろいろな投資の取り組み方や手法、成功している人のスタンスを一通り知ることだ。できれば知った上で、一度は実践してみるのがよい。実際にやってみると、自分が無理をしているのか、案外受け入れられるのかがわかってくる。投資対象についても、自分のスタイルに合ったものが見出せるため、できればあまり選《え》り好みせずいろいろと挑戦してみる方がよい。一通り実践した中で、自分がきちんと実践できるものを取り入れて行くのだ。

また、一度投資スタンスが確立したからと言ってそこに留まり続けるのではなく、時には別の投資方法や投資対象にあえて挑戦してみるというのも有効だ。まったく違った視点から自分の投資を見直すことができ、仮に元の投資スタンスに戻るにしても、違った発見や成功のヒントをつかむことができるためだ。

逆に、一番やってはいけないのは「他人頼み」や「鵜呑《うの》み」だ。自分で考え検証することをせず誰かの受け売りで投資をやっても、まったくためにならない。結果として利益が得られたとしても、それは決して長続きするものではない。時たま、「驚異の的中率」などを売りにした投資情報屋などの話を聞くことがあるが、残念ながらそういう人たちの中で五年、一〇年と安定的な結果を残している人は、ほぼ皆無である。短期的には本当に的中率が高い「本物」であっても、長い目で見ればまず当てにならないのだ。

つまり、そういう他人を信用しても自分にとっての投資の成功は、まったくおぼつかないのである。そして何より、自分で考えもせず、検証もしていないのだから、うまく行かなかった時に改善のしようもない。自分の投資判断を磨くために、「参考情報」として「専門家の知見」に耳を傾けるのは有効だが、それはあくまで「自分独自の分析・判断ありき」で行なうべきものである。

投資哲学⑤　忍耐力

投資の成功において必要な資質はいくつかあるが、特に重要な資質の一つとして「忍耐力」を挙げたい。

投資手法によって差はあるものの、投資は判断・実行から結果までに時間がかかる。やり方によっては年単位の時間を要するものもある。そして、それだけの時間をかけても望まない結果になることも少なくない。幾度もの試行錯誤、仮説と検証の反復も必要で、すでにそれだけでも精神的なタフネスを要求される。また大きな損失を被る危険が高まれば、恐怖で夜も寝付けず、何も手に付かず、食事ものどを通らない、といったことにもなり得るだろう。

さらに現代では、様々な情報が氾濫している点でも忍耐力が試される。投資をすれば日々様々な投資情報に触れることになるが、当然、誰かの大成功を伝える情報も入ってくる。そんな時、「人は人、自分は自分」と達観できればいいが人間そうは強くない。なかなか結果が伴わない現状と比較して、他人を羨《うらや》む気持ちも出てくることだろう。そこをグッと抑えて自分のやるべきことをやり、探求する道を粛々《しゅくしゅく》と歩むのである。これは、相当な精神的鍛練を要することだ。

実は、相場師や投資で成功を収めている人たちの多くは、こうしたなかば「精神修練」のような苦行を意識的に乗り越える工夫を行なっている。その最も典型的なものが、「読書」だ。それも、一見すると投資にはほとんど関係ないような、宗教や哲学、歴史といったものである。

また、読書に限らず、投資で行き詰まった時、不安や焦り、恐怖、怒りなど、負の感情に精神をかき乱された時などに、自分の精神を律し理性を取り戻しための自分なりの方法を確立することも非常に有効だ。

投資の技術

ここまで投資における「哲学」の重要性について、具体的な項目を挙げて見てきた。次に、投資の成功に必要となるもう一つの要である、投資の「技術」について見て行こう。

投資の「技術」とは、「再現性のある意思決定をするための方法論や手法」のことだ。つまり、利益を取れる可能性が高い状況を見付け出す具体的なやり方のことだ。たとえば、株式投資で投資に値する銘柄を見付け出す時、会社の業績や今後の事業計画、世間の評判、その会社の将来性に影響しそうな要因（業界動向、外交や貿易、為替、最新技術など多岐にわたる）を調べ、今後も業績向上が期待できる会社を見付け出すという方法がある。いわゆる「ファンダメンタル分析」と言われるものだ。

また、一方でそうした業績やニュースなどを一切考慮せず、単に銘柄の値動きだけを追い、その中で特徴的な値動きを見付け出して取引を仕掛けるという方法もある。「テクニカル分析」という手法で、現在主流となっている分析手法だけで数十種類が存在する。

投資の技術を大別すれば、大まかにこの「ファンダメンタル分析」と「テクニカル分析」にわけられるが、どちらが優れているとか、利益が取れるということは基本的にはない。何しろ、いずれも代表的な手法であり、これまでにも実に多くの人たちが活用・研究してきているのだ。教科書に載っているような、通り一遍のやり方を覚えただけで安定的に利益を上げられるようになるなどということは、決してないのである。

ただ、だからと言っていずれの手法も役に立たない、というわけではない。こうした技術をベースにして、どのようなアレンジを加え、自分なりの投資判断を確立して行くかを追求することが重要となってくる。したがって、いずれの方法についても一通りの考え方や知識は得ておくことが望ましいだろう。

■ファンダメンタル分析の基本

　株式投資では、古くから用いられてきたファンダメンタル分析では企業自体のデータの他に、国の経済状況、為替、海外の動向などから企業の将来性を予測する。将来性が高ければ株価上昇期待も高く、また配当期待も大きいと判断されるからだ。

　株式投資で注目される主だった項目は、一五三ページの上図の通りである。ここではこれらの詳細は説明しないが、基本的に企業の財務諸表を読み解き、財務の健全性や事業の収益性を測り、事業計画などから将来性を予測して行く形になる。分析の結果が株価や配当に反映されるのは、数年以上先になることが多いため、基本的に長期投資向きの手法とされる。また、これ以外にもその企業に関連する様々な情報を集める必要があり、金融機関などの機関投資家により有利な傾向がある。

　なお、先物や為替でもファンダメンタル分析が行なわれるが、こちらで見られる主な項目は一五三ページの下図の通りである。こちらは、株式のファンダメンタルズ以上に広い知識や専門性が求められる。

■テクニカル分析

テクニカル分析は、過去の値動きを「チャート」と呼ばれる図で表し、その形から価格遷移の傾向やパターン性などを見出し、今後の値動きを予想するという手法だ。

過去の値動きを表すチャートは、「ローソク足」と呼ばれるものを使って描かれるのが主流なのだが、これは日本発祥の方法である。ローソク足とは、一定期間の値動きのうち、「始値」(はじめね)、「高値」(たかね)、「安値」(やすね)、「終値」(おわりね)の四つを表したもので、終値が始値より上昇していれば「陽線」、逆に下落していれば「陰線」として表される。一五五ページの図のように、一般的に陽線は白い四角、陰線は黒塗りの四角で表される。

このローソク足を時間経過と共に並べて行くと一五六ページのようなグラフになり、これを「ローソク足チャート」と呼ぶ。多くのテクニカル分析では、

ファンダメンタル分析の主な項目〈株式投資〉

自己資本比率	流動比率
ROE	ROA
EPS	キャッシュフロー
PER	PBR
理論株価	

ファンダメンタル分析の主な項目〈先物、為替〉

金利動向	景気動向
国際収支	財政収支
政治要因	地政学リスク
インフレ	経済統計
要人発言	

など

このローソク足チャートの形を読み解いて相場を予測するが、実はローソク足の形からも相場の傾向を推測することはできる。一五七ページにその読み解きの一例を掲載しておこう。

ローソク足から読み解く相場の傾向

日本発祥のローソク足には、グラフの形状から相場を読み解く実に多くのパターンが存在する。一五八〜一五九ページにそのごく一部を例示しておくが、これ以外にも様々な図形パターンによって相場を読み解くことが可能だ。

こうしたローソク足チャートの分析は、単なる「図形のお遊び」に留まらない可能性を秘めている。投資とは、単なるものの売り買いでなく、人間の思惑や駆け引きが本質であると説明したが、ある意味でこうした値動きは投資家心理が時系列で変化して行った「足跡」というべきものだ。

つまり、比較的再現性のあるパターンがあるということは、特定の値動きに

ローソク足の例

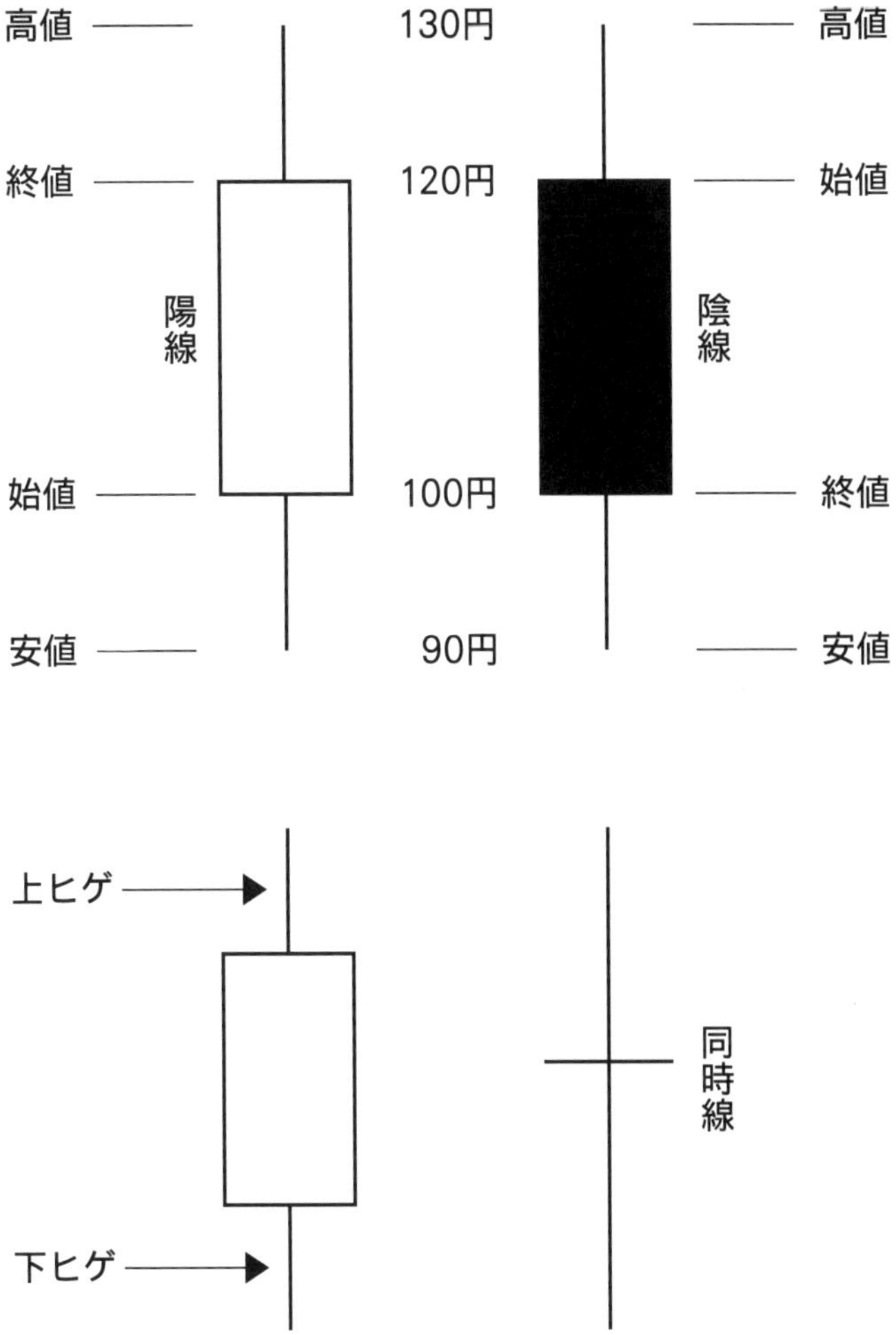

ローソク足チャートの例（日経平均株価）

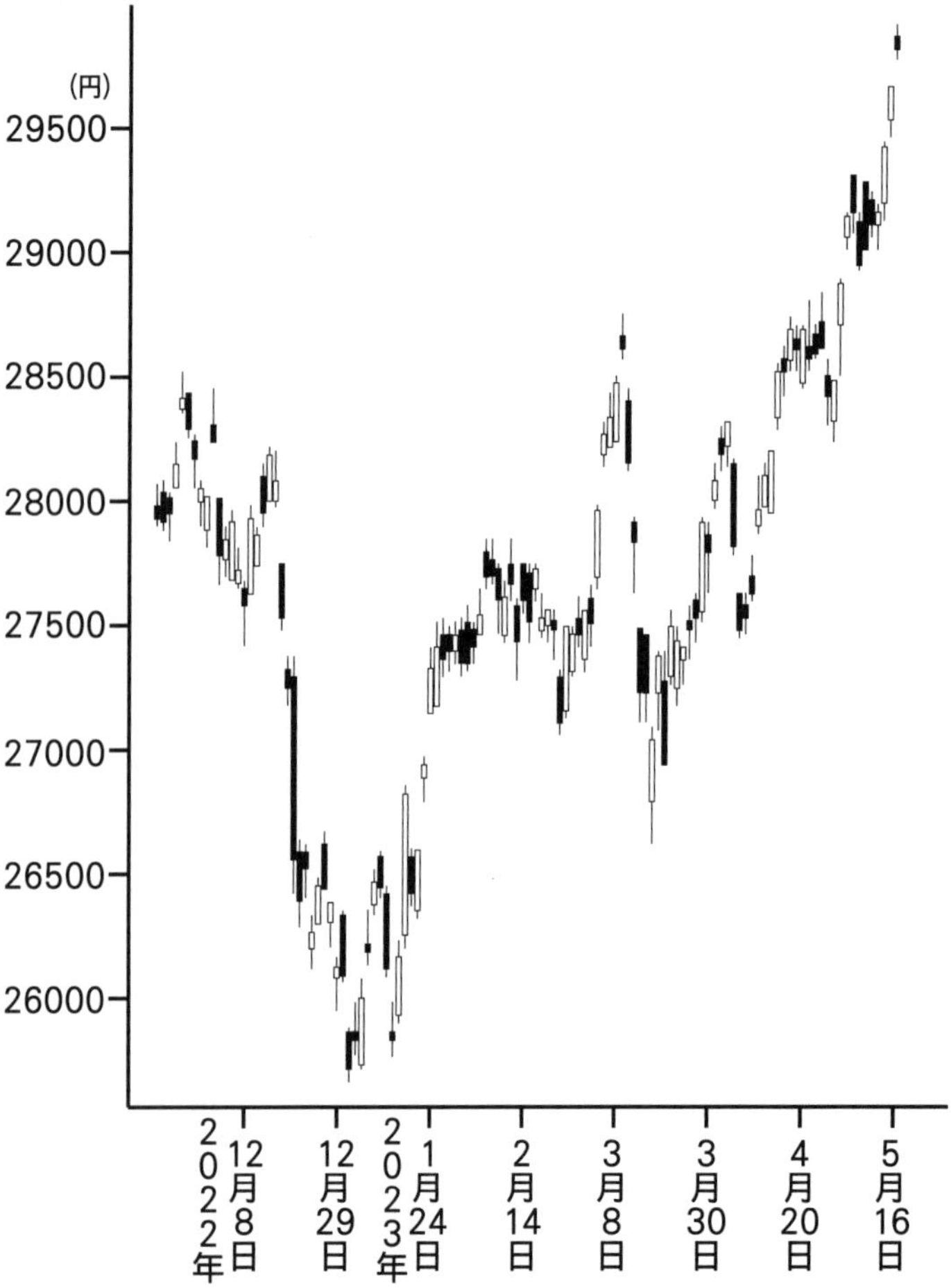

ローソク足の読み解きの一例

ローソク足	呼び名	ローソク足の性質
	陽の丸坊主	強気線
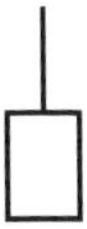	陽の寄付坊主	強気線・上値暗示
	陽の代引坊主	強気線・上値暗示
	陰の寄付坊主	弱気線・下値暗示
	陰の代引坊主	弱気線・下値暗示
	陰の丸坊主	弱気線
	コマ・陽の極線	迷い

ローソク足	呼び名	ローソク足の性質
	コマ・陰の極線	迷い
	トンボ	転換期
	四値同時	転換期
	トウバ・塔場	保合か転換か？
	十字線	攻防の分岐か？
	たぐり線orカラカサ	下位置に出現は買い
		上位置に出現は売り

相場を読み解く例

下値遊び

売

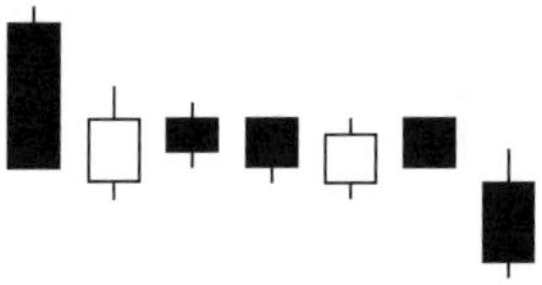

大陰線で下落した後に5～10日もみ合い、その後ギャップダウンした陰線が現れるチャート

三羽烏

売

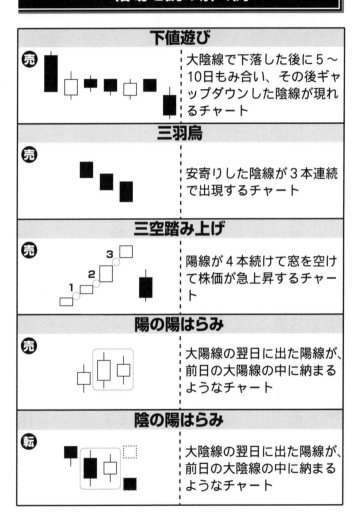

安寄りした陰線が3本連続で出現するチャート

三空踏み上げ

売

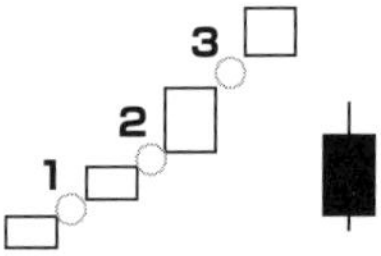

陽線が4本続けて窓を空けて株価が急上昇するチャート

陽の陽はらみ

売

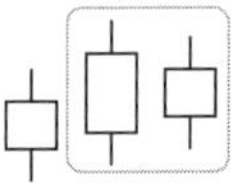

大陽線の翌日に出た陽線が、前日の大陽線の中に納まるようなチャート

陰の陽はらみ

転

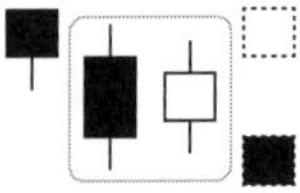

大陰線の翌日に出た陽線が、前日の大陰線の中に納まるようなチャート

複数のローソク足から

押さえ込み線

買

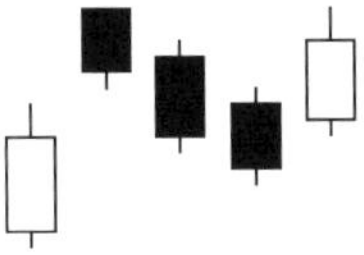

上放れた後に陰線が２～４本連続し、その後直前の陰線を上抜くか上放れした陽線が出たチャート

赤三兵

買

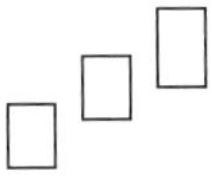

陽線が３本連続で出現するチャート

三空叩き込み

買

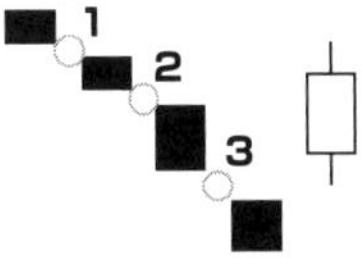

陰線が４本続けて並び窓を空けて株価が急落するチャート

陰の陰はらみ

買

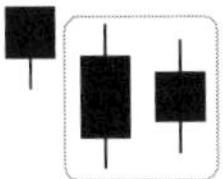

大陰線の翌日に出た陰線が、前日の大陰線の中に納まるようなチャート

陽の陰はらみ

転

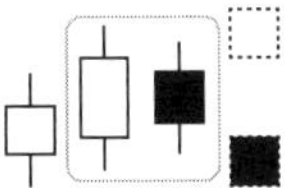

大陽線の翌日に出た陰線が、前日の大陽線の中に納まるようなチャート

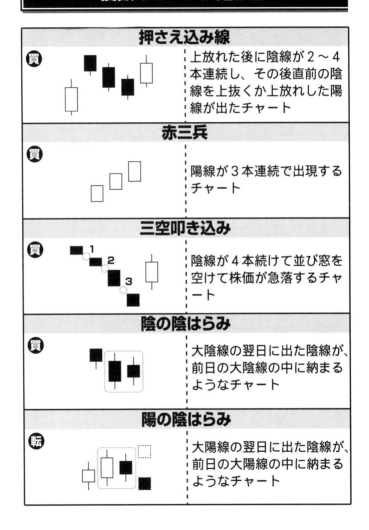

よって投資家心理が同じように推移する傾向があるということだ。そして、人間の心理的傾向は時代や性別、人種などでそう大きくは変わらないため、比較的普遍性のある予測が成り立ち得るということだ。

もちろん、チャートにそうした性質があるからこそ、古今東西の投資家たちは必死にチャート分析の手法を磨いてきたわけで、現在ではこうした「使い古された」手法のみで確実性のある成果を出し続けることは難しい。

ただそれは、「高い勝率を維持できない」というだけで、「まったく当たらない」というわけではない。めったに起きないパニック的な局面などでは、それを経験している投資家の絶対数が少ないため、大半の投資家たちが過去と同じような投資判断を下しがちだ。そうした局面では、典型的なチャートの形が再現される可能性も高くなる。

ローソク足やチャートの基本的な分析方法を知っていれば、チャートを見るだけで「ここは、めったに見られないが収益の可能性が高いのでは？」という仮説が立てやすくなる。

■テクニカル指標

テクニカル分析の手法を用いて、さらに応用的な手法も開発されている。それが「テクニカル指標」と呼ばれるものだ。相場のトレンドや市場心理を様々な角度から分析して数値化したもので、これも概要と使い方を知っておくと非常に便利に相場読みをできる場合がある。ここでは詳細の説明は除くが、主だったものをざっと見てみよう。

●移動平均線

移動平均線は、一定期間の価格の終値の平均値をつなぎ合わせた折れ線グラフで、トレンド分析の代表格とも言える手法だ。

短期と長期の移動平均線の動き方によって相場の傾向を読み解くというもので、典型的なものに「ゴールデンクロス」（短期が長期を上抜ける形。価格上昇傾向のサイン）や「デッドクロス」（短期が長期を下抜ける形。価格下落のサイン）などがある。

●一目均衡表《いちもくきんこうひょう》

昭和初期に細田悟一氏（都新聞社の商況部部長）が、約二〇〇〇人のスタッフと七年をかけて完成させた手法で、「相場は買い方と売り方の均衡が崩れた時に大きく動くので、どちらが優勢かがわかればよく、それを一目で知ることができる」という由来による相場分析手法だ。移動平均線の考え方も取り込まれ、一時期はその的中率から非常にもてはやされた手法で、現在でも市場動向を知る手掛かりとして参考にされている。

●RSI

ＲＳＩ（相対力指数）は、オシレーター系（価格の振り幅に注目する指標）のテクニカル指標の代表格の一つだ。数多くのテクニカル指標を生み出したＪ・Ｗ・ワイルダーが考案したもので、相場の相対的な強弱や過熱感を表す指標だ。このほかにも一六七ページの図に挙げるような指標もあり、それぞれに使い方や特性が異なる。

移動平均線

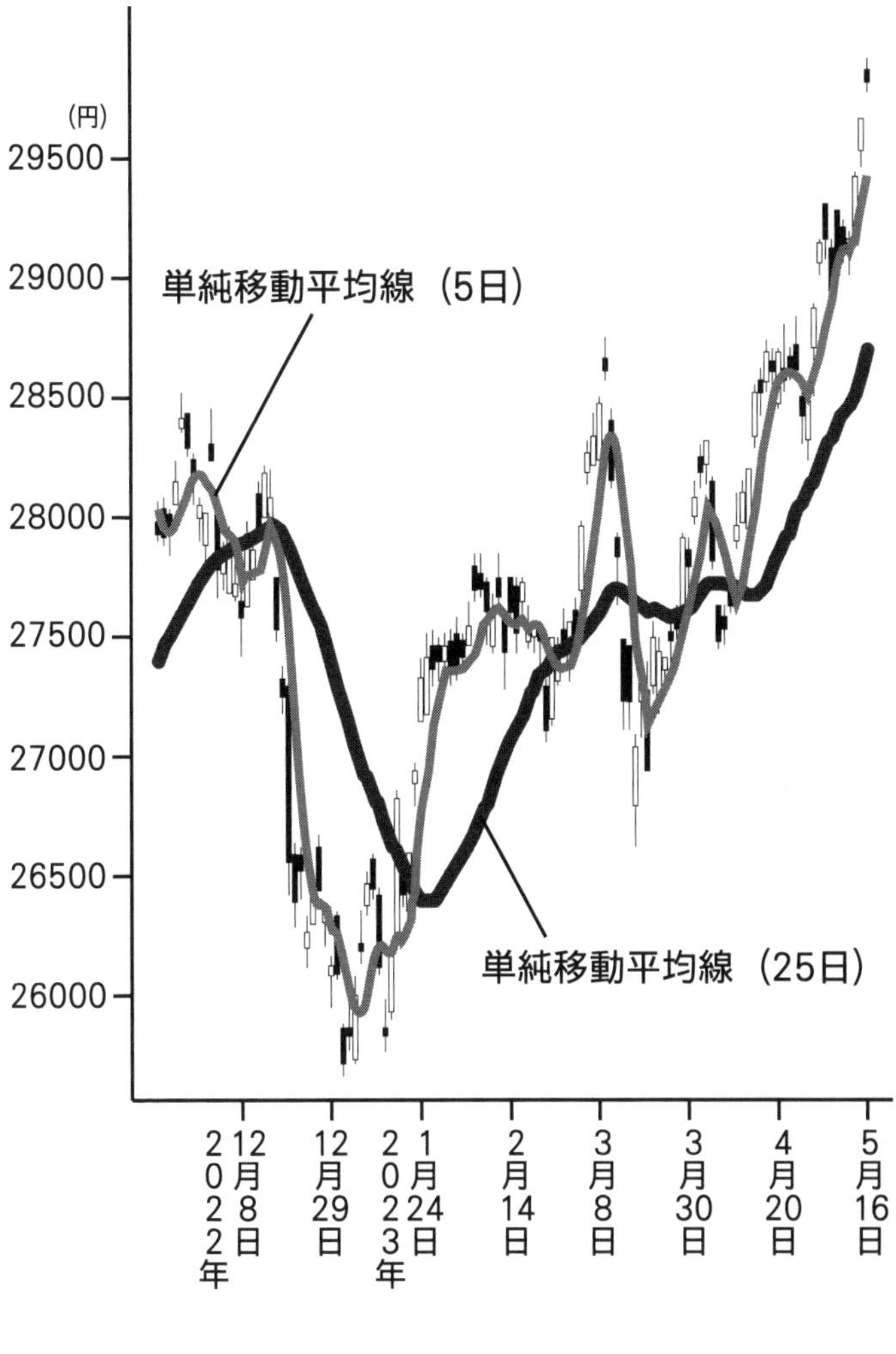
(円)
29500
29000
28500
28000
27500
27000
26500
26000
単純移動平均線（5日）
単純移動平均線（25日）
2022年12月8日
12月29日
2023年1月24日
2月14日
3月8日
3月30日
4月20日
5月16日

一目均衡表

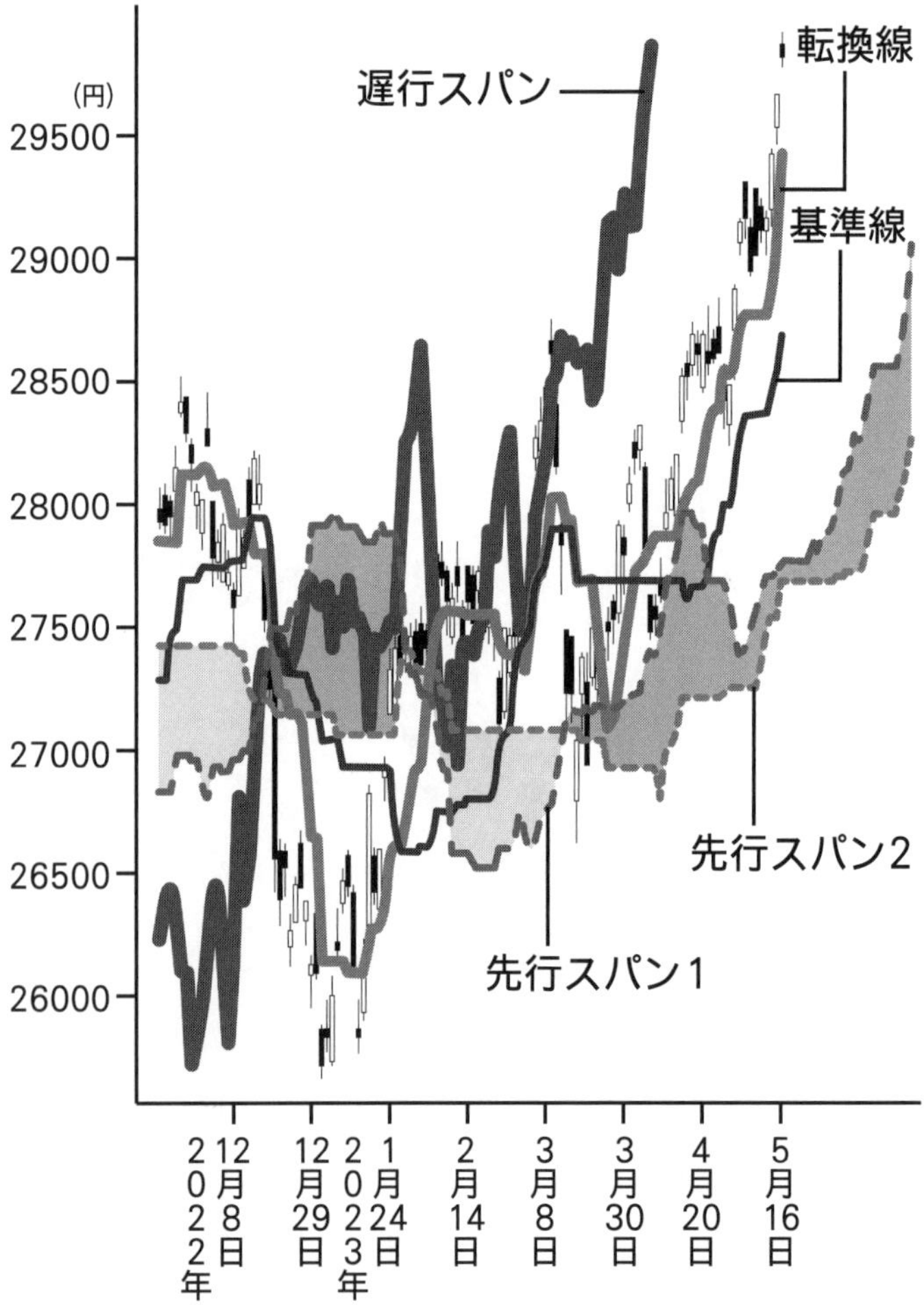

(円)
29500
29000
28500
28000
27500
27000
26500
26000
遅行スパン
転換線
基準線
先行スパン2
先行スパン1
2022年
12月8日
12月29日
2023年
1月24日
2月14日
3月8日
3月30日
4月20日
5月16日

RSI（相対力指数）

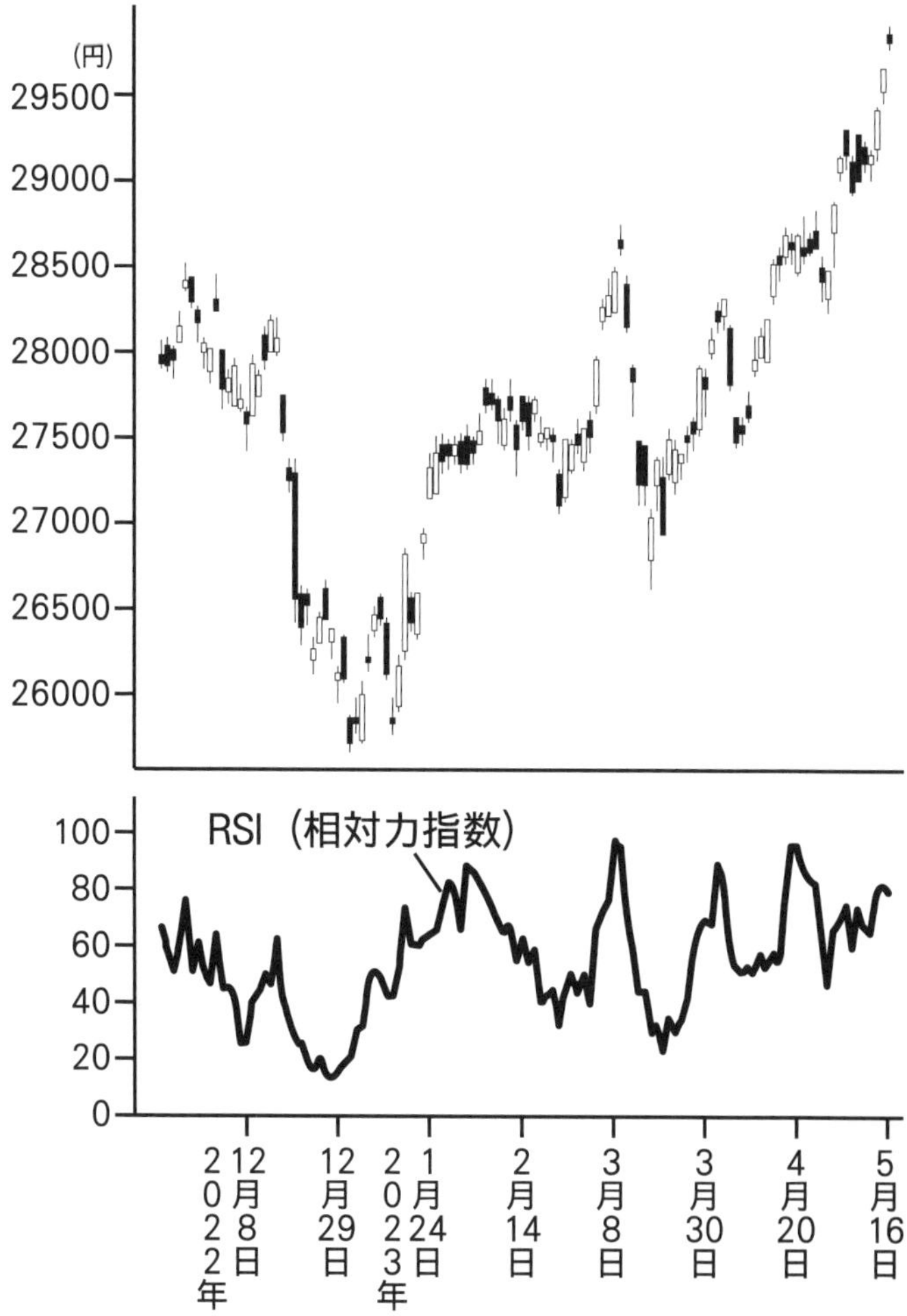
(円)
29500
29000
28500
28000
27500
27000
26500
26000
100
80
60
40
20
0
RSI（相対力指数）
2022年
12月8日
12月29日
2023年
1月24日
2月14日
3月8日
3月30日
4月20日
5月16日

これらのいずれも、多くの投資家たちが活用し研究もしており、開発当初のような「劇的な結果」を期待することは難しい。しかしながら、私が懇意にしているテクニカル分析の専門家・川上明氏によると、「まったく使えないわけではない」上に「使い方次第では今でも役に立つ部分がある」とのこと、これら指標の使い方を知っておくことは、非常に有意義だろう。

ある投資専門家の哲学と技術

さてここで、投資の専門家がどのような哲学を持ち、どのような考え方で相場に挑み、どのような技術を駆使しているのか、一例を見て行きたい。私が懇意にしているテクニカル分析の専門家・川上明氏をここに登場させよう。

現在シンガポール在住の川上氏は、早稲田大学理工学部機械工学科の出身でバリバリの理系脳の持ち主だ。保険会社での機関投資家経験を経て、現在はファンド・マネージャーとして活躍している氏は、学生時代に「カギ足」とい

まだまだあるテクニカル指標

MACD

ボリンジャーバンド

パラボリック

エンベロープ

ストキャスティクス

う日本で考案された手法の魅力に取りつかれて以降、仕事のみならずライフワークとして投資手法の研究にまい進している。

川上氏が用いるカギ足チャートは、ローソク足チャートのような時間の概念がなく、値動きのみを追いかけるのが最大の特徴だ。ＩＴ全盛のこのご時世にあって、氏は数百銘柄ものカギ足を毎日すべて手書きで描いている。それでも現在は少ないそうで、以前は上場銘柄すべてを描いていたというからその熱意には恐れ入る。

さて、この川上氏が投資をどうとらえ、どのような哲学を持っているのか。氏の言葉をそのまま引用しよう。

「根本的に人間は、認知バイアスを持つゆえに投資に向かないとされる。残念ながらこれを完全に制御する普遍的な方法はない。仮にそれができるとすれば、人間は『物事を認知する』という非常に原始的なレベルで自身を『書き換え』できることになるわけだが、それは遺伝子操作にも似た

『神への挑戦』と言えるだろう。多くの危険を伴う人間改造であり、少なくとも現時点では非現実的である。

さて、人間が投資の成功を目指す時、障壁となる人間の認知が修正不能と前提するなら、それが介在しない方法を用意することが重要なカギとなる。そのために、まず人間にどんな認知バイアスがあるかを知り、そしてそれを排した投資判断ルールを作る。そして、これに完全に従った投資行動を取ることで、確実性の高い投資が実現でき、投資の成功にたどり着けるだろう。

こうした手法を考える際、重要な点は『長期視点で考える』ことだ。また、長期で考えるのでなければ、（あるいは長期を考える上でも重要な点が）確率で考えるという思考法も重要である。確率的な観点から言うと、ある投資ルールが有効であるかどうかは『期待する結果がどの程度の割合で再現されるか』ということになる。そして、それはもたらされた結果の母数が大きなカギを握る。

仮にその投資ルールを試した結果が二〜三回しかなければ、仮にその投資ルールが一〇〇％利益を得られるという結果であったにせよ、到底信頼できるものではないだろう。最低でも数百〜数千回の試行とその結果によって、一定の有効性が確認されなければ、その投資ルールが『有効である』ということはできない。すると、あるルールの有効性を確認するためには膨大な回数のテスト（試行）が必要となるわけだが、当然人間が手ずからやるのでは到底間に合わないため、システムが必要となってくる。

若干脇道に逸《そ》れるが、投資を確率で考えるのはごく自然なことである。なぜなら、そもそもこの宇宙の成り立ちも確率的であると言えるからだ。二〇世紀初頭、量子論の出現によって物理学の世界に革命的な変化がもたらされた。それまで、ニュートン力学などの古典物理学の世界では、物質の構造や自然現象を支配する法則は『連続的なもの』と考えられてきた。ところが、量子論の出現以降、物理学では『あらゆるものは確率的に存在する』という考え方が前提となった。この世の中のあらゆるものが『確率的な存在』として構成されている、と考える方がより精密な考え方であるというわけだ。

投資の世界も、突き詰めるところこの量子論的発想が非常に似つかわしい。投資において、特定の条件下で特定の現象が必ず起こる『わけではない』ものの、確率的には起こりやすいという『傾向』ははっきり存在する。これは私が、過去の株価データなどの膨大な情報を元に三〇年以上研究してきた結果からも明確に言えることだ。

つまり、『確率的に有意』（一定以上の試行によって、結果に明らかな傾向が見受けられる）な投資ルールを見出すことは可能で、それを機械的に反復することで長期的なリターンを得るシステムは構築可能ということだ」

専門の機械工学の他、難解な現代物理学を学んでいた氏らしい投資観であり、投資哲学と言えるだろう。もちろん、普通の人が投資に対してこうした高度な理解・認識を持つ必要はない。ただ、投資によるアウトプット（利益や損失）

だけを追うのではなく、投資とはどのようなものなのか（投資観）、それにいかに取り組むか（投資哲学）を自身なりに認識することは非常に重要だ。

さて、川上氏は独自の投資観・投資哲学を元に、人間の認知バイアスが介在しない投資判断システムの構築を研究している。このシステムこそが、氏の長年の研究による投資技術の結晶と言うべきものだ。

川上氏はいくつものアイデアをシステム化しており、その総称を「ＫＡＩ（解）」と命名している。氏からは、この「ＫＡＩシステム」の概要や驚くべきパフォーマンスについても解説していただいた。

「『ＫＡＩシステム』は、様々なテクニカルの手法を用い、確率的に有意な売買判断を行なうルールを研究する中で見出した、いくつものアイデアをシステム化したものの総称だ。ざっと三〇個弱のアイデアを今までシステムとして試作したが、現在まである程度統計的な有意性（つまり売買判断システムとして機能するもの）が確認されているものとして『Ｔ１』『Ｔ

8』『T9』『T10』『T14』『T15』『T16』『T17』『T18』『T19』『T20』が運用中である。また、価格の変化のみで判定するシステムというものも手掛けており、こちらも『P1』『P6』が確率的有意を確認できている。

テクニカル分析を使ったシステム開発のアプローチは、簡単に言うと世の中に出回っている様々な分析ツールによる指標の有効性をすべて検証して、その中から統計的に有意になりそうな部分をうまく切り出して仮のシステムを構築し、バックデータを使って有意性を検証するというものだ。どんなテクニカル指標をどう組み合わせ、どんな判定基準で計算させるかという部分は、長年の研究の過程でひらめいたもので、三〇年以上相場に向き合った経験がシステムのアイデアに大いに活きている。

将来的には、私が専門としている『カギ足』をシステム化したいと考えている。ただ『カギ足』はテクニカル指標とは異なり、システムのアルゴリズム（問題を解決するための手順や計算方法のこと）を作るのが難しい。チャートを特定のルールで作成するまでは問題ないが、その『読み解き』

にはアルゴリズムで記述しにくい要素が多分にあるためだ。ある意味で、その点こそが『カギ足』の神髄《しんずい》である。チャートを『絵』としてとらえる感覚が強いため、ＡＩの活用が一つの突破口になるかもしれない。

さて、ここで『ＫＡＩシステム』の中で最も長く運用し、安定した成果を出している『Ｔ１』についてざっと紹介しよう。『Ｔ１』は日経平均先物を取引対象とし、様々なテクニカル指標を組み合わせて独自の売買判断を下すシステムだ。買い、売りいずれからも入り、ポジションを持つタイミングと利益確定／損切りの決済タイミングの両方を発出する。

売買サインが出た時のみ取引を行なうため、短ければ数日、長いと二〜三ヵ月程度はポジションを保有することもある。また、シグナルが出ないタイミングもあり、その間は一切ポジションを持たないという期間も比較的ある。実際、二〇二二年にはシグナルが発出せず、『Ｔ１』としては一切ポジションを持たなかった。

『Ｔ１』開発時のアイデアをもう少し掘り下げよう。テクニカル指標のよく知られた事実として、『テクニカル指標は儲からない』というものがある。まあ身も蓋《ふた》もない話なのだが、世の中に知られているテクニカル指標を一通り研究し、実際に私も目の当たりにしている。

　テクニカル指標は戦後から一九八〇年代にかけて開発されたものが多いのだが、どの指標も始めは調子がよいのだ。そして、ある程度普及するとパフォーマンスが出なくなって行くことが確認できた。相場は基本的にゼロサム（誰かが勝てば誰かが負ける）であるから、多くの人が同一の指標で取引するようになれば、それが通用しなくなるのは自然なことなのだ。

　ただ、だからと言ってテクニカル指標がまったく使えないかと言えば、そうとも言い切れないところが難しく、そして面白い点だ。どういうことかというと、指標を使って負け続けるという話ではなく、局面次第では『使える』ものが存外多いのだ。

　つまり、ある指標を長期的に使い続けても確率的な有意性は見出せないが、特定の局面では『勝ち続け』たり、逆に『負け続け』たりするため、そこだけうまく切り出して使うことができれば『使い物になりそう』なのだ。

そこで私は、この性質を逆手に取ってそれぞれの指標で「勝ち続け」／「負け続け」るタイミングだけ切り出して活用することを思い付いた。それを試行錯誤し、でき上がったのが『T1』というわけだ。

具体的に言うと、『T1』が使っているテクニカル指標は一五個ほどある（一七七ページの図参照）。個々の指標にはいくつか設定すべきパラメータ（変数のこと）があるため、それぞれ異なるパラメータを決め、パラメータごとの累積損益を出す。すると、あるパラメータを採用した指標が一定期間勝ち続け（もしくは負け続け）利益（もしくは損失）が累積する局面が出てくる。そこで、一定期間『連勝』（または連敗）に達したら、それを『潮時』と判断して、以降は指標と逆の取引を行なうようにする。

この期間をどう決めるか、実に多様なパターンが考えられるため、膨大な数の組み合わせを用意し、どれが統計的な有意性が見られるかを検証して行った。さらに、ロスカット率についても様々なパターンを検証した。

「T1」が採用するテクニカル指標

ストキャスティクス	RSI
%Rオシレーター	移動平均線カイリ
DMI	ゴールデンクロス、デッドクロス
MACD	パラボリック
ピボット	ボリンジャー・バンド
モメンタム	一目均衡表（雲抜け）
一目均衡表（基準転換）	一目均衡表（遅行）
新値三本足	

各指標のパラメータを動かし、一定期間勝ち続け（または負け続け）たものを採用
「勝ち続け」「負け続け」「一定期間」「ロスカット率」の最適値をそれぞれ計算

驚くべき運用実績

2023年4月運用報告書

テクニカルT1 （YEN）

基準価格	前月比	前年比	設定来
1915.30	▲6.57%	18.73%	1815.30%

（%）

	1月	2月	3月	4月	5月	6月	7月	8月	9月	10月	11月	12月	年初来
2010	0.00	0.00	0.00	0.00	0.00	0.00	2.23	▲2.91	5.89	▲0.11	▲2.79	▲1.84	0.18
2011	▲7.48	7.80	▲0.14	0.00	1.53	3.57	0.52	0.00	2.40	3.57	0.00	0.63	12.35
2012	7.13	▲3.02	1.33	▲0.99	▲10.08	4.89	0.82	7.75	8.44	2.54	6.77	11.01	40.75
2013	3.21	4.36	15.45	12.15	▲3.92	▲0.83	▲0.31	▲1.93	9.17	▲1.10	6.02	3.63	54.10
2014	▲6.25	0.55	▲3.15	▲3.79	3.55	10.58	5.83	0.42	0.43	25.14	12.08	▲2.54	46.75
2015	1.84	6.63	2.77	1.50	5.61	▲1.60	1.45	▲9.71	1.02	4.51	3.66	▲5.24	11.82
2016	4.31	▲8.22	4.13	16.93	▲0.06	15.47	▲4.83	▲4.93	▲0.43	5.52	10.65	8.26	53.16
2017	▲1.88	2.81	▲1.34	3.03	4.75	3.82	▲0.39	▲1.25	5.47	9.79	5.16	0.54	34.29
2018	1.46	▲4.75	0.48	0.84	0.00	3.54	0.01	0.00	0.00	0.32	▲4.11	0.00	▲2.46
2019	0.00	0.00	0.00	0.61	2.96	▲2.76	▲0.02	0.00	0.00	0.00	▲3.45	5.30	2.39
2020	0.44	7.70	35.83	▲8.37	0.00	0.00	0.00	0.00	0.00	0.00	0.00	0.00	34.73
2021	0.00	0.00	0.00	11.48	15.98	1.78	0.00	0.00	0.00	0.00	10.56	0.00	45.49
2022	0.00	0.00	0.00	0.00	0.00	0.00	0.00	0.00	0.00	0.00	0.00	0.00	0.00
2023	0.00	▲0.11	27.22	▲6.57									18.73

2018年10月まで模擬売買、2018年11月以降実運用ベース

※2022年の1年間はシグナルが出なかったので取引していないため、0.00となっている。（シグナルが出ないと取引しない。図表内の他の0.00のところも同様）

T1システムの

投資対象
日経平均株価（日経平均先物）

期　　間
2010年1月～2023年4月

年利回り（複利）
24.79%

シャープレシオ
1.16

最大ドローダウン
▲12.76%

それぞれの指標について最適な設定の組み合わせを選び、さらにそれら指標に重み付けをして総合することで、最終的な売買シグナルを生成するシステムにまとめ上げた。

このアイデアを元に、一九九〇年一月～二〇〇九年一二月の日経平均のデータを用いてパフォーマンスが最適になるようシステムを設計・開発し、その後二〇一〇年一月～二〇一九年一〇月までのデータを使って模擬売買し、その効果を検証した。その結果、『T1』システムが統計的有意性を発揮して『売買判断システム』として機能することを確認できたため、二〇一九年一一月からは正式に実運用に入っている。肝心の運用成績は一七八～一七九ページの図の通りで、非常に良好な推移を見せている。

なお、実運用はレバレッジ二倍で行なっている。運用成績は純粋な損益値であり、各種手数料などは含まれていない。また、この一七八～一七九ページの図の成績は寄り付きの価格で取引したものだが、実際の取引シグナルは前日の終値が確定した時に判定・発出される」

川上氏の「Ｔ１」システムは、非常に高い確率で収益機会をとらえており、とても優秀な結果を出し続けている。また、二〇一〇年以降でマイナスになった月が少なく、そのマイナス幅も非常に小幅に抑えられている一方で、大幅な収益を出している月がいくつもあることにも注目である。今後の運用にも非常に高い期待を持てる内容だ。

いかに投資と向き合うか

本章では、「投資の王様」（投資の成功者）となるために必要な哲学と技術について見てきた。また、実例として私の記憶に残る相場師たちや、現役で投資判断のシステムを開発する川上明氏にも触れた。

彼らは言ってみれば、プロ野球の一軍選手やメジャーリーガー級に相当する投資家たちだ。圧倒的な経験と創意工夫があり、相場に情熱を注ぐプロフェッショナルである。当然、私たちが彼らと同じように考え、振る舞うことはできない。

ただ、だからと言って投資の成功をあきらめる必要はまったくない。彼らは、時にプロとして顧客の資産を預かり、運用する重責を担《にな》っている。当然、運用目標なりノルマがあり、大きなプレッシャーがかかる局面も多い。一方、私たちは自分の資産をいかに運用するかだけに注力すればよい。圧倒的なパフォーマンスにこだわる必要もないし、自分のペースで相場に向き合えばよいのだ。

「自分なりの投資観、投資哲学、投資技術を身に付ける」というのは、そういうことでもある。他人と比べて良し悪しを決めるのではなく、自分が定める投資の道を、自分の方法で自分が納得するペースで歩むのだ。いろいろな周囲の雑音に惑わされず、自分が満足行く投資を続けられるようになること。それこそが、私たちにとっての「投資の成功」と言えるだろう。

ただ、今日から投資を始めて、いきなりその境地に到達することはなかなか難しいかもしれない。何しろ、投資の世界は広く、奥深い。情報も氾濫しており、何をどう取り組み、投資と向き合うのがよいのかを知るのに、すべて自力で行なうのはなかなか難儀なことである。

そこで次章では、投資の成功をつかみ「投資の王様」となるために、今一歩踏み込んだ方法について紹介して行こう。

第四章

投資の王様となるために

――短期投資は地獄への近道

バフェットの一番弟子、テッド・ウェシュラーのすご腕

二〇二〇年一〇月のある日、高級百貨店ディラーズの株に買いが殺到、株価は一日で三割近い暴騰を見せた。ある男による、〝ディラーズ株の大量保有〟が明らかになったことがきっかけだ。

その男の名は、テッド・ウェシュラー。世界で最も有名な投資家と言えば、ウォーレン・バフェットをおいて他にないが、そのバフェットが経営する投資会社バークシャー・ハサウェイで資産運用を担当しているのがウェシュラーだ。バフェットの後継者候補の一人であり、事実上バフェットの一番弟子とも言える男だ。そんな大物投資家による大量保有が明らかになり、相場が動かないはずがない。最近でも、バークシャー・ハサウェイによる日本の五大商社株の大量保有が明らかになったことで、商社株が軒並み急騰した。

著名投資家の動向は、しばしば相場を大きく動かす。ウェシュラーが大量購

入したディラーズ株はその後も高騰を続け、ウェシュラー自身は一年ほど保有した後、買い値の五倍から一〇倍の価格で売却したという。

ウェシュラーがディラーズ株を買った理由について、雑誌『選択』二〇二三年二月号に掲載された記事「著名投資家たちの『頭の中』」では、次のように分析している。

ウェシュラー氏が買った理由として考えられるのは同社の不動産だ。チェーン店舗のうち、八割以上の物件を自社で所有していた。

不動産だけで一株あたり二百ドル以上の価値があるとの試算も。その不動産を十分の一近くの価格で買えたわけだ。倒産の懸念はなかったが倒産しても問題なかった。

これだけではなかった。やがてワクチンが普及し、人々は百貨店に戻った。景気刺激策の恩恵、物流混乱によって業界が在庫不足になり値引きをしなくて済んだ。

最も重要なことは二一年からインフレがはじまったことである。激しいインフレ下では収益よりも資産が重要だ。不動産を持たず賃貸で展開する同業他社は苦しんだ。

同社が強いフロリダ州では賃料が五割近く上昇し、競争力は増し収益力も上がった。コロナ前の二〇年一月期決算の一株あたり利益（EPS）は四・三八ドルだったが、二二年一月期決算では四十一・八八ドルと約十倍になった。

フリーキャッシュフローの多くを自社株買いにあてたため、株価はさらに上昇した。同氏は安心して利益確定したことになる。

（『選択』二〇二三年二月号）

バフェットやウェシュラーほど著名な投資家ともあれば、その一言が相場を動かす力を持つ。そうかと言って、彼らは投資する銘柄をいい加減に選んでいるわけではなく、銘柄選びの背景には綿密な調査と優れた洞察がある。

ウェシュラーのディラーズ株投資も、「お見事」と言う他ない。アフターコロナで消費の急回復が見込めるから百貨店株を買う。これなら、ちょっと株式投資に慣れた人ならできるかもしれない。それでも、多くの投資家は百貨店株を選ばないだろう。近年の百貨店は、はっきり言って衰退産業だ。その主たる原因は、ネット通販の台頭だ。特にアマゾンの攻勢は激しく、百貨店の多くで売り上げは大幅に減少、おびただしい数の店舗が閉鎖されてきた。当然、株価も下落基調を余儀なくされる。この辺りの状況は、日米とも共通する部分だ。

このような「未来のない業種」を投資対象に選ぶ人は、決して多くないはずだ。実際、アメリカを代表する大手百貨店ＪＣペニーは、新型コロナパンデミックに伴う売り上げの激減により、経営破綻に追い込まれている。百貨店株への投資は、このようなリスクと紙一重だ。アフターコロナを睨《にら》むなら、もっと力強い回復が見込める小売りチェーンが他にいくらでもある。

しかし、ウェシュラーは違った。ディラーズが保有する〝不動産〟という資産に着目し、その資産価値に照らして株価が極端に割安であることを見抜いて

チャート

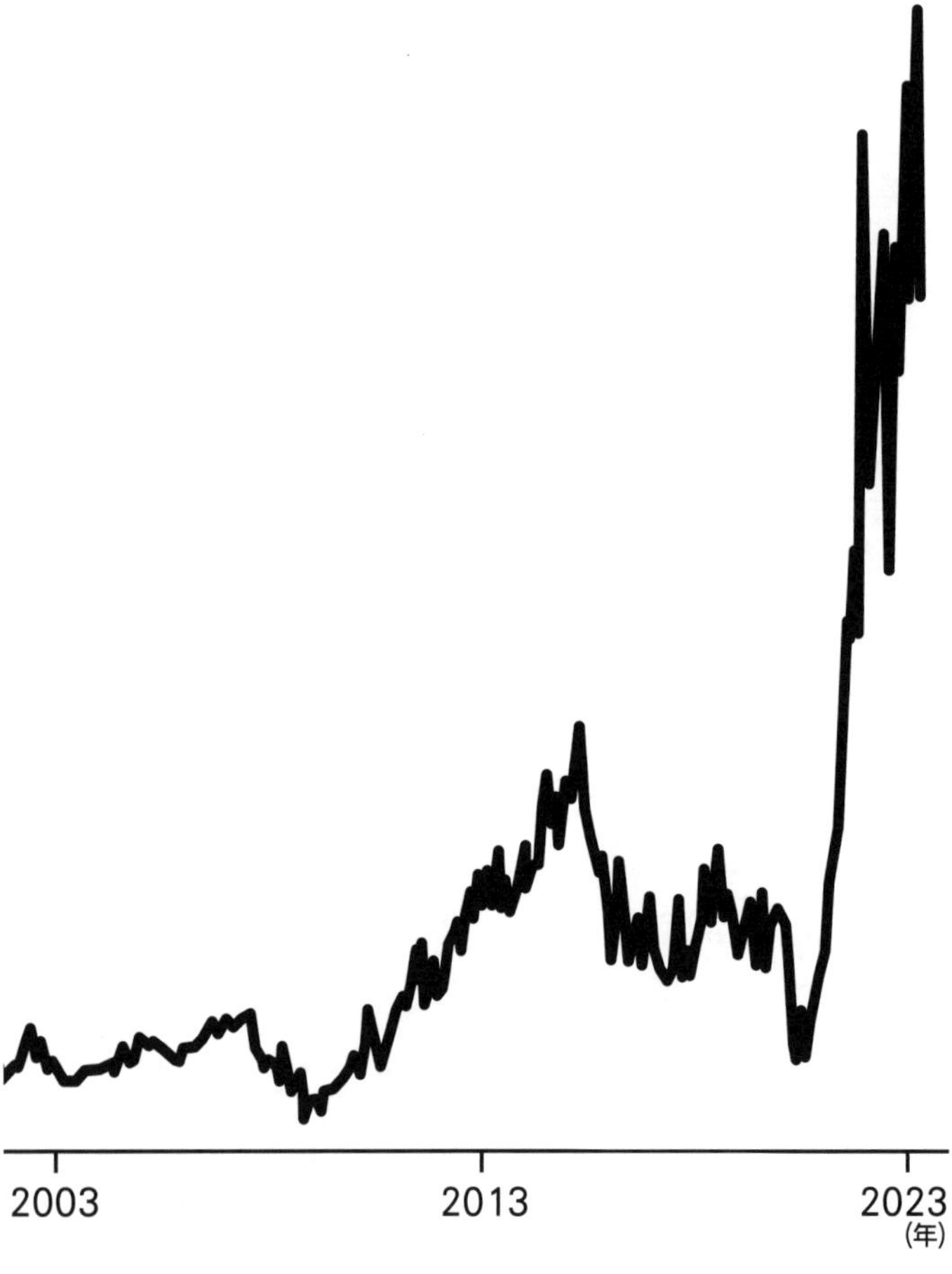

ディラーズ株

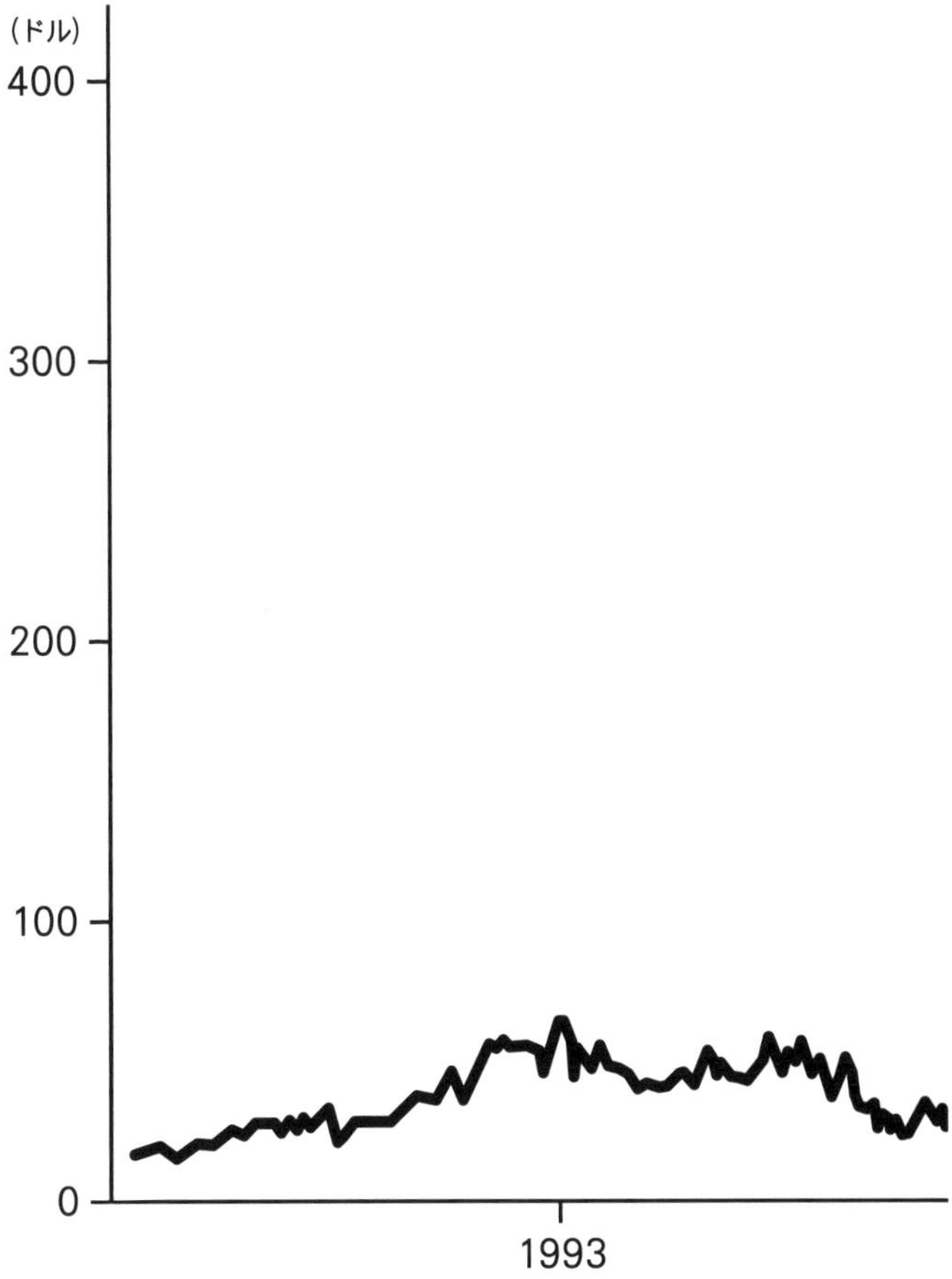

いたのだ。このようなことは決して簡単なことではない。残念ながら、ほとんどの投資家はどんなに努力を重ねてもウェシュラーのようにはなれない。

投資の成否をわけるのは、投資に関する理屈や理論だけではない。性格や考え方、投資に対するセンスといったものがどうしても売買判断に影響する。同じ理屈や理論を背景に同じ銘柄に投資したとしても、投資結果は投資家それぞれで異なる。極端な話、先のディラーズ株をウェシュラーと同様の安値で買えても、売却の判断を間違えれば損する可能性だってあるわけだ。

ただし、たとえウェシュラーやバフェットのようにはなれなくても、彼らから学ぶことはできる。彼らから学ぶことで、それを自分の投資スタイルに活かし、大きな資産を形成することは決して不可能ではない。

どの投資スタイルを選ぶか?

株式投資一つ取っても、その投資スタイルは様々だ。バリュー株(割安株)、あるいはグロース株（成長株）を狙うのか？　求める利益はキャピタルゲイン（売買差益）なのか、インカムゲイン（配当収入）なのか、あるいはその両方なのか？　投資期間は短期なのか、中期なのか、長期なのか？

どれを選ぶかはその人の好みだし、基本的にはそれで構わない。性格的に合わないスタイルで取り組んでもなかなかうまく行かないものだ。せっかちな性格の人が長期投資に取り組んでも、結局我慢できずに売ってしまうのがオチだろうし、のんびり屋の性格の人が短期投資に取り組んでも、相場の変動スピードに付いて行けず振り回されてしまうに違いない。「あるスタイルが何よりも優れていて、あるスタイルは絶対にダメ」ということはない。それぞれのスタイルで、成果を上げている人はたくさんいる。

しかし、多くの投資家にとって、〝より勝ちやすく負けにくい投資スタイル〟というものはある。それが、〝長期投資〟だ。

長期投資のメリット

長期投資には投資家の利益につながりやすい多くのメリットがある。大きなメリットとして挙げられるのが、〝複利効果〟だ。

預金などの利息の付き方には、「単利」と「複利」がある。単利とは、常に最初の元本に対して利息を計算する方法だ。それに対して複利は、一定期間ごとに支払われる利息を元本に足した合計額に対して利息を計算する方法だ。つまり、単利は当初の元本にのみ利息が付くのに対し、複利は当初の元本とそれまでに支払われた利息にも利息が付く。

一〇〇万円を満期一年で利率（年率）一％の定期預金で運用する場合、単利と複利では一九五ページの図のような違いが生じる。単利、複利とも一年後に得られる利息はいずれも一万円（元本一〇〇万円×一％）で、合計一〇一万円となる。

「単利」と「複利」で運用した場合の違い

単　利

常に最初の元本に対して利息を計算する方法

■100万円を満期1年の定期預金にする（単利で運用）

	金額
1年後	101万円
2年後	102万円
3年後	103万円

複　利

一定期間ごとに支払われる利息を元本に足した合計額に対して利息を計算する方法

■年利（利率）1%で3年間運用（複利で運用）

	金額
1年後	101万円
2年後	102万100円
3年後	103万301円

しかし、次の一年は単利と複利で異なる結果になる。

単利の場合は次の一年も得られる利息は元本一〇〇万円×一％で同じく一万円だから、一〇〇万円の定期預金は二年後に一〇二万円になる。一方、複利の場合、次の一年に得られる利息は元本一〇〇万円にすでに支払われた利息一万円を加えた一〇一万円×一％で一万一〇〇円となり、一〇〇万円の定期預金は二年後に一〇二万一〇〇円になる。さらに一年経ち運用開始から三年後の残高は、単利が一〇三万円なのに対し、複利は一〇三万三〇一円となる。単利より複利の方が有利と言えるわけだ。

この例では単利と複利の差はわずかではあるが、運用期間が長くなるほど、また利率（年率）が高くなるほどその差は大きくなる。一九七ページの図に示したように、たとえば一〇〇万円を年率一〇％で運用した場合、三年後には単利だと一三〇万円になるが、複利だと一三三万一〇〇〇円と三万円以上も多くなる。一〇年後には単利の二〇〇万円に対し、複利では二五九万三七四二円と、その差は六〇万円近くにもなる。

100万円を年率10%で10年間運用すると

■単利で運用

	金額
1年後	110万円
2年後	120万円
3年後	130万円
4年後	140万円
5年後	150万円
6年後	160万円
7年後	170万円
8年後	180万円
9年後	190万円
10年後	200万円

■複利で運用

	金額
1年後	110万円
2年後	121万円
3年後	133万1000円
4年後	146万4100円
5年後	161万 510円
6年後	177万1561円
7年後	194万8717円
8年後	214万3589円
9年後	235万7948円
10年後	259万3742円

もちろん、年率一〇%での運用などまともな先進国の一般的な預金ではまず不可能だ。ただし、株式やファンドをはじめとするリスク資産なら決して不可能な数字ではない。実際、私が主宰する投資助言を行なう会員制クラブで情報提供している海外ファンドの中には、年率一〇%を超えるリターンを上げているものがいくつもある。

いずれにせよ、時間をかけることで複利効果を大きく活かせるのが、長期投資のメリットということだ。

売買コストを抑えやすいことも、長期投資のメリットの一つだ。株を売買するにしても、ファンドを売買するにしても、多くの場合、売買するたびに手数料がかかる。ネット取引の普及もあり、株式などの売買手数料は大幅に下がったが、それでも売買回数が多くなるほど手数料負担は増す。短期投資で利益を上げるには、このようなコストを上回るリターンを上げなければならず、どうしてもハードルは高くなる。長期投資は、短期投資に比べ売買回数が少ない分売買コストが抑えられるため、お金を殖やす上で有利に働くということだ。

また、（これは個々の投資家の性格にもよるが）日々の相場に振り回されにくいことも長期投資のメリットと言える。

はっきり言って、投資は難しい。「安い値段で買い、高い値段で売る」――道理は簡単だが、これを実践するのが実に難しい。「相場が安くなっている時に買う」という行為は、一般に常識と考えられる精神状態ではできないものだ。何かしらの悪材料が出ていることも多い。「もっと下がるのではないか？」と様子を見ているうちに相場が上がってしまい、買いそびれるなどということも珍しくない。むしろ相場が高くなっている時の方が、買いの好機に映るものだ。というのも、そういう時には何かしらの好材料が出ていることが多いからだ。しかし皮肉なことに、そのような時にはすでに相場は高値圏にあり、下落の直前だったりする。

相場の世界には、「織り込み済」とか「知ったらしまい」という格言がある。相場は基本的には好材料で上昇し、悪材料で下落するわけだが、仮に好材料で上昇したとしても、それがメディアなどで広く報道されて多くの人に知られた時点で、その材料は相場に織り込まれていることが多い。その材料による上昇相場は終わりとなり、下落に転じることも少なくないのだ。

つまり、好材料が出た時にはすでに遅いということだ。こうして、「好材料で買って高値づかみをする」投資家が後を絶たない。

売りの判断はさらに難しい。買ったはよいが、予想に反しずるずると下落するような場合、なかなか損切りができないのが人間の普通の感情だ。元々、相場が上がると思って買ったにも関わらず、それとは反対の意思決定を求められるのだから当然だし、何よりも損切りは自分の判断の誤りを認めることになるわけで、それを愉快に思う人はいない。

自分が損切りした後、上昇することもある。その可能性が損切りをためらわせ、結局大きな損失につながるパターンも多い。逆に損失に敏感になり過ぎて、ちょっと下がったらすぐ損切りして損失を積み上げる「損切り貧乏」も、トータルでは大きな損失につながりやすい。予想通り上昇した場合も、売りの判断は決して簡単ではない。

『もうはまだなり。まだはもうなり』という相場格言がある。もう底値だと思ったらまだ下がるかもしれない、もう天井だと思ったらまだ上がるかもしれないと考え、逆にまだ下がると思ったらもう底値かもしれない、まだ上がると思ったらもう天井かもしれないと考えることが大切だという意味だ。

もうそろそろ天井だと思って売ったら、その後さらに大きく上昇して悔しい思いをしたり、まだまだ上がると思って持ち続けたら、梯子《はしご》を外されるように急落に巻き込まれて損失を被ることも珍しくない。多くの人は、急落に巻き込まれて損失になるよりは、大きな利益を逃して小さな利益に甘んじる方がはるかにマシだと考える。

こうして、多くの投資家が陥りがちなのが、「損失が大きく、利益が小さい」というパターンだ。これではトータルで利益を出すことは難しい。仮に予想に長けた投資家がいて、一〇回取引して九回儲かったとする。しかし、たった一回の損失が大きかったら、トータルで損失になることもある。逆に、一〇回取引して九回損しても一回大勝ちできれば、トータルで利益になる場合もある。

相場においては全戦全勝が不可能である以上、トータルで利益を上げるには損失を小さく利益を大きく取るのがポイントになる。しかし多くの投資家は、儲かっている時には利益（成功）を早く確実なものにしようとわずかな儲けで売ってしまい、損している時には、損失（失敗）を認めたくないという心理が強く働き損失を拡大させてしまう。

これが長期投資であれば、日々の値動きに一喜一憂したり翻弄されることを避けられる。実は、金融商品の中には、過去の実績から（もちろん「絶対」ではないものの）長期間保有すれば利益が出る可能性が非常に高いものが存在する。日々の相場の上げ下げはあるにせよ、長期的には上がる可能性が高いのであれば、腰を据えてじっくり取り組める。そのような金融商品の複数の銘柄に分散投資すれば、かなり有利に資産運用ができるわけだ。

元々、少なくとも数年以上、場合によっては何十年と保有するつもりなら、相場がちょっと上がったくらいで売るべきかどうか迷うこともない。また、短期投資に比べれば損切りの判断もそれほどシビアに行なう必要もない。三ヵ月ごとや半年ごとなど、定期的に資産状況をチェックする程度で問題ない。

このように、長期投資は売買判断に頭を悩ます必要性が大幅に減るため、精神的にも負担の少ない投資スタイルと言えるのだ。

誰にも簡単にできそうで、意外に難しい長期投資

「日々の相場の値動きに振り回されにくいのが長期投資のメリット」と書いたが、時々起きる暴落にも動じず投資を継続することは簡単なことではない。金融庁が公表しているレポートに、興味深いデータがある。

二〇四～二〇五ページの図は、一九八五年以降の各年に毎月同額ずつ国内の株式と債券、外国の株式と債券に投資した際の投資収益率（年率）を示したものだ。これによると、保有期間が五年だと投資収益率はマイナス六％～プラス一四％の範囲内に収まっている。つまり、投資した時期によって、五年後の投資収益率が二桁のプラスに達する時もあったが、マイナス（損失）となる時も

運用成果

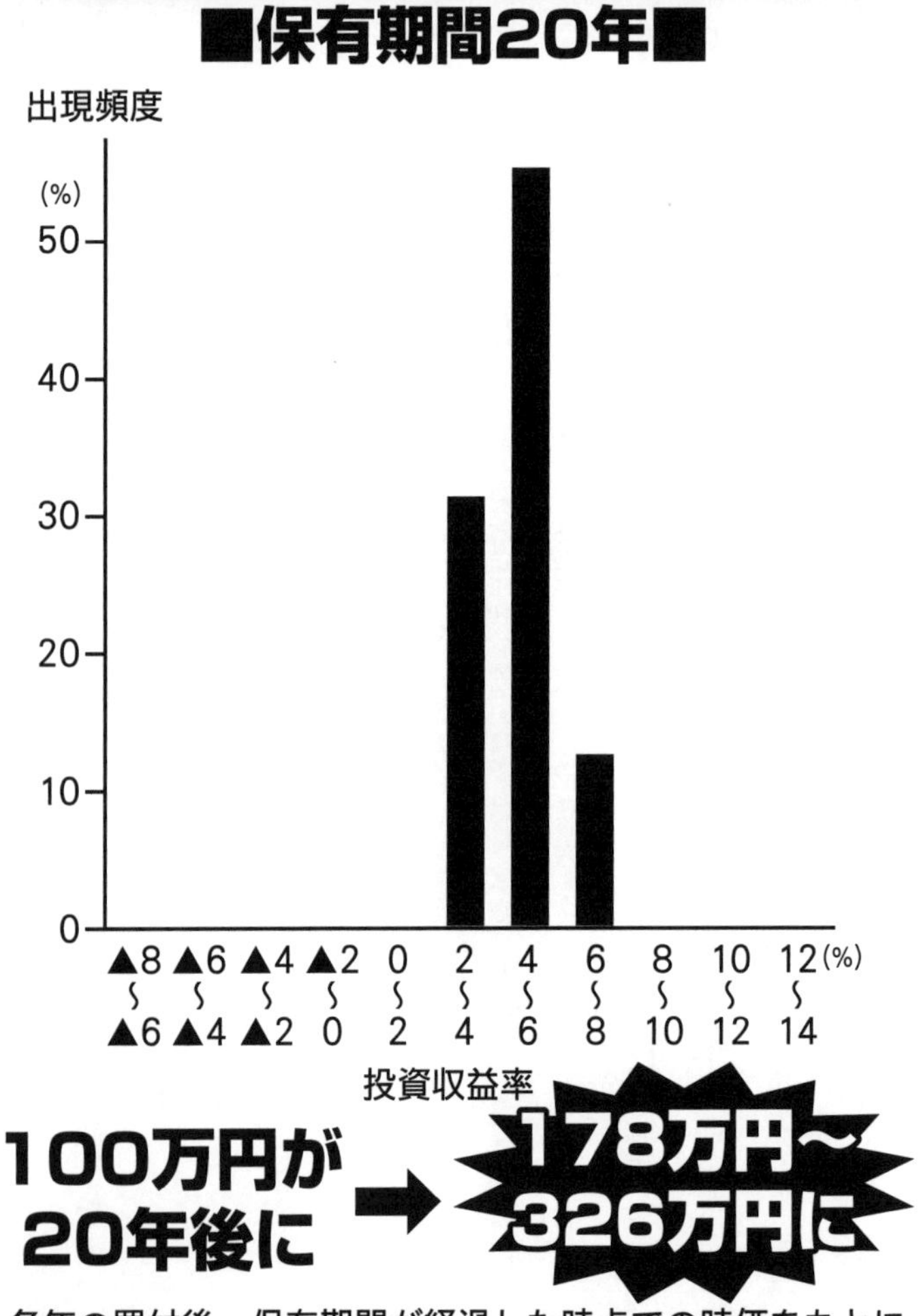

各年の買付後、保有期間が経過した時点での時価をもとに運用結果および年率を算出

金融庁のデータを基に作成

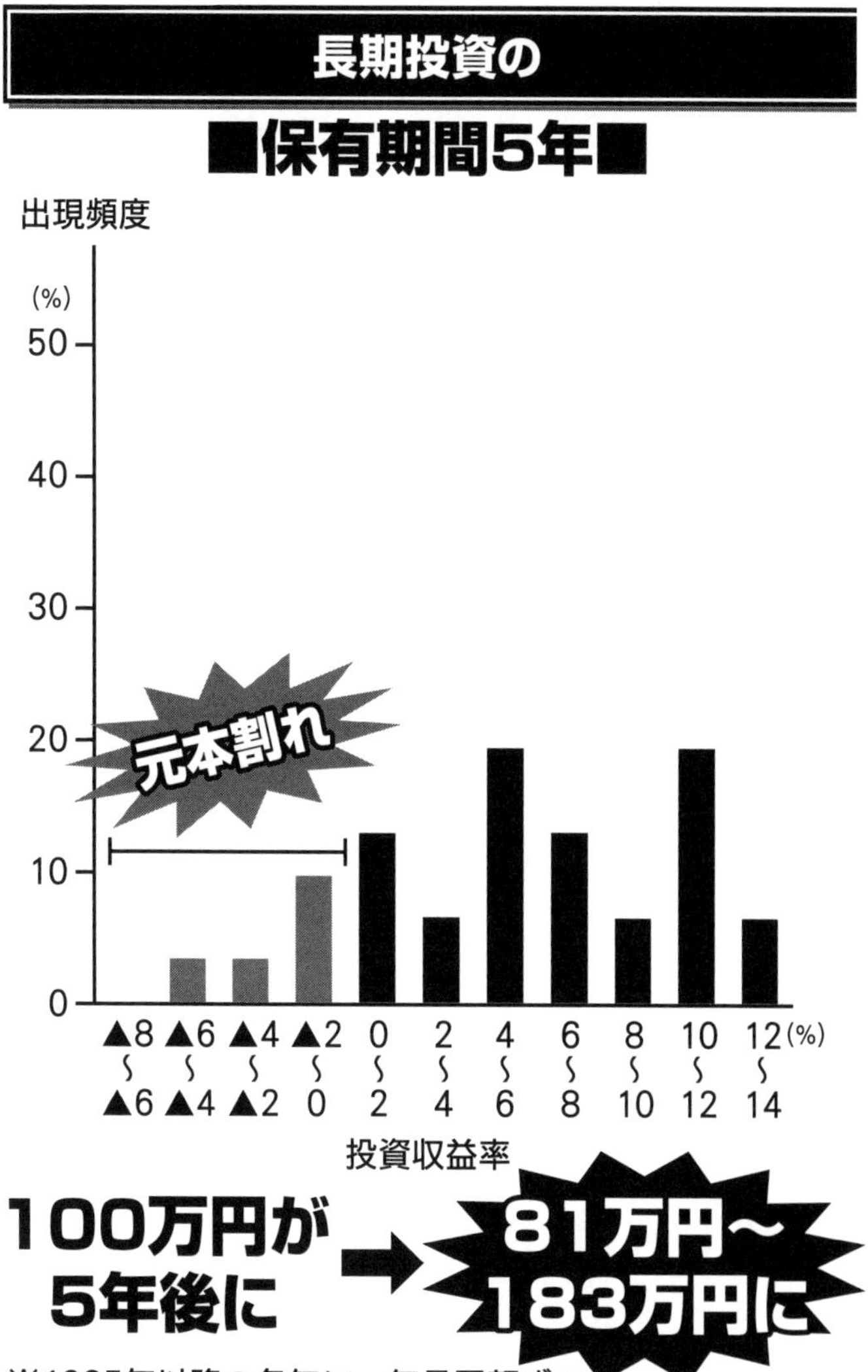

※1985年以降の各年に、毎月同額ずつ
国内外の株式・債券などの買付を行なったもの。

あったということだ。投資収益率のばらつきが、かなり大きいことがわかる。

しかし、保有期間が二〇年になると、結果はかなり異なる。同図を見ると、投資収益率はプラス二%～八%に収斂《しゅうれん》し、ばらつきがぐっと小さくなっているのがわかる。ちなみに金融の世界では、この投資収益率のばらつきのことを「リスク」と呼ぶ。このデータは、運用期間を長く取ることでリスクが小さくなったことを示す。

一〇〇万円投資した場合の運用結果は、五年後に八一万円～一八三万円、二〇年後には一七八万円～三二六万円となっている。五年間運用した場合、最悪の成績は一九万円の損失（八一万円－一〇〇万円）となり、二〇年間運用した場合の最悪の成績は七八万円の利益（一七八万円－一〇〇万円）となる。つまり、一九八五年以降どの時点で投資を始めたとしても、二〇年間保有を継続すれば損失になっていないということだ。それどころか、最悪でも七八%の収益が得られたという結果になっている。長期投資がいかに有利であるかがよくわかるデータだ。

ただ長期間保有を続けるだけで、簡単に利益を上げることができる。さぞ多くの投資家が潤っているだろうと思いきや、実際には損失を被る投資家が少なくない。金融庁が銀行二九行に対し実施した調査の結果では、二〇一八年三月時点で投資信託を保有する顧客の四六％が損失を抱えていたという。このひどい運用結果には様々な要因があるだろうが、大きな要因はやはり保有期間の短さにあると言える。二〇九ページの図に示したように、投資信託の平均保有期間は五年にも満たない。これではなかなか結果が出ないのも当然だろう。

長期投資を実践すれば結果が出やすいのに、なぜやらないのか？　長期投資の最大のデメリットは、結果が出るまでに時間がかかるということだろう。利益を確定するまでに何年も、場合によっては何十年も待つ必要がある。保有期間が長くなると、何度か大きな下落に見舞われるのが普通だ。

先の金融庁のシミュレーションにしても、一九八五年以降、日本のバブル崩壊、ＩＴバブル崩壊、リーマン・ショックなど、歴史に残る大暴落は何度も起きている。そのたびにそれまでの含み益は大幅に減り、場合によっては含み損を抱えることになる。「このまま、もう上がることはないのではないか」「ここからもっと下がるのでは」などと不安がよぎり、結局耐えられずに売ってしまい、長期投資のつもりが中期投資あるいは短期投資になってしまうという人も少なくない。長期投資を実践することが簡単ではないことが、ご理解いただけるのではないだろうか。

短期投資での成功は〝狭き門〟

長期投資のメリットについて見てきたが、これらは逆に短期投資のデメリットと言える。つまり、複利効果を利用しづらく、売買コストがかさみがちで、日々の相場の値動きに振り回されやすいということだ。

もちろん、世の中には短期投資で成功している投資家も存在する。日本でも、テレビや雑誌などのメディアにも登場する有名な投資家もいる。彼らは投資だけで数千万円から数億円もの年収を稼ぎ、しかもそのような高収入をほぼ毎年

平均保有期間の推移（業態別）

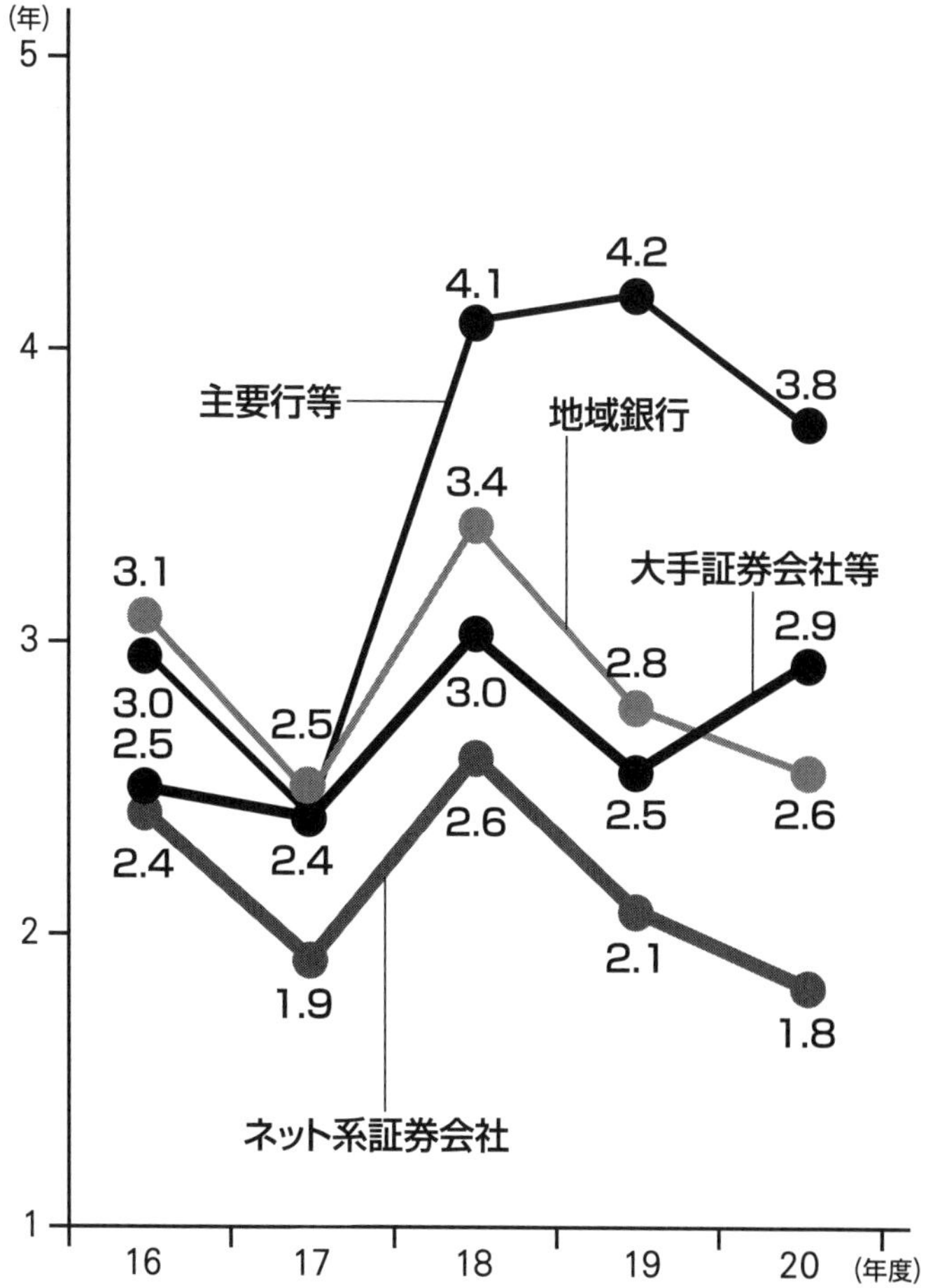

金融庁のデータを基に作成

継続しているのだから本物だ。それは、もう〝才能〟という他ない。

この事実からしても、短期投資で大成功を収めるのは不可能ではない。多くの人たちが彼らのようなカリスマ投資家に憧れを抱き、「俺にもできるはず。うまくやれば、これで食って行けるかもしれない」などと考えて市場に参入する。結果はどうか？　中には成功する人もいるだろうが、ほとんどは失敗に終わる。

売買を一日で完結するデイトレーダーの場合、一〇〇人が市場に参入したとして、そのうち約七割は数ヵ月で資金をほぼ使い果たし、残った三〇人のうち二〇人は一年もたずに撤退を余儀なくされるという。

もちろん、統計があるわけではないから正確なデータではないが、生き残るデイトレーダーは〝一〇人に一人〟ということだ。一年継続できただけでもある意味で立派なものだが、当然その後も生き残れる保証はない。

では、その後も生き残り、専業のデイトレーダーとして活躍できる人はどのくらいいるのだろうか？　五年くらいトレーダーを継続でき、デイトレードだけで生活できているなら、「プロ」と呼んで差し支えないだろう。あくまでも私の個人的な感覚だが、そのようなプロはおそらく一〇〇〇人に一人、どんなに多くても一〇〇人に一人程度だろう。中でも年に数千万、数億と稼ぐ〝カリスマ投資家〟は、おそらく一〇万人に一人、どんなに多くても一万人に一人程度のものだろう。

一般に、個人投資家の〝約七割〟が損をしていると言われる。ましてや、すでに述べたデメリット、つまりハンデを背負った上で取引する短期投資に取り組む投資家については、損失になる割合はさらに大きくなると考えられる。

短期投資で成功することは（実際に成功している人がいるという点で）不可能ではないが、非常に狭き門であり、ほとんどの人が失敗するという事実をまずは認識すべきだ。

このような事実を知らずに市場に参入した多くの人たちが、大切な資産を大きく減らし市場から退場して行く。中には適切なリスク管理もせずに投資した結果、破滅して行く人も少なくない。

そんな地獄を見た、ある男性の事例を紹介しよう。

短期投資は「地獄への近道」

不思議なことだが、投資の世界では〝ビギナーズラック〟がよくある。読者の中にも経験した人がいるかもしれない。もしも、あなたにビギナーズラックで儲けた経験がなかったとしたら、それはむしろラッキーかもしれない。儲かると誰だって気分が良くなるものだが、経験の乏しいビギナーの場合、勘違いしがちなのだ。「俺には投資の才能があるんじゃないか?」「俺って投資の天才かも」などというように……。

今回取り上げる男性も、ビギナーズラックという「幸運」に出会い、投資に目覚め、その後ほどなくして借金地獄に陥った。そう、ビギナーズラックは地獄への入口だったのだ。

――三〇歳代のその男性は、ネットニュースの記事をきっかけに軽い気持ちで証券口座を開き、株式投資を始めた。投資に関する知識は、ほぼ〝ゼロ〟だ。

ところが、投資した株が短時間で数千円の利益をもたらし、衝撃を受けた。取引額を増やせばもっと儲かると考えた彼は、クレジットカードや消費者金融のカードでキャッシングし、二〇〇万円ほど株式投資につぎ込んだ。ここに、彼の大きな失敗がある。二〇〇万円を株につぎ込むのはいい。ただし、借金はダメだ。あくまでも自己資金（もっと言えば余裕資金）で投資するのが常識だ。

しかし、彼のビギナーズラックは続く。その後、一ヵ月間取引し数十万円の利益を上げることができたのだ。「これは行ける！」と確信した彼は、仕事を辞め、トレードに専念することを決心した。たかだか一ヵ月の取引で数十万円儲かったというだけで退職したのは、あまりにも浅はかであった。

彼の勘違い、そして判断ミスはさらに続く。さらに取引額を増やそうと「信用取引」に手を出したのだ。信用取引とは、証券会社からお金を借りて株を買ったり、株を借りてその株を売ったりする取引のことだ。担保を預ける必要はあるが、最大で担保評価額の約三・三倍までの取引が可能だ。その結果、通常の現物取引に比べ儲けも損も最大三・三倍に膨れ上がるリスクの高い取引だ。

当然、株式投資歴数ヵ月程度の初心者が手を出すべきものではない。投資した銘柄が上昇し、すぐに数万円の利益が出たため、彼はその銘柄にさらに資金をつぎ込んだ。翌日には、含み益が数十万円に達した。しかし、この時が彼の「絶頂期」であった。

その翌日から相場は反転、連日のように暴落を続けた。〝含み益〟は見る見るうちに減って行き、瞬く間に〝含み損〟に転じた。ほどなくして担保価値が不足し、〝追加の保証金〟を求められる。入金しなければ損失が確定する。彼は、相場が戻ることを信じてさらに借金をして保証金を入金した。しかし、非情にも相場は戻らず、損失は二〇〇万円に膨れ上がった。これ以上の借金ができなくなり、ついに損失が確定した。同時に、二〇〇万円の借金を背負うこととなった。投資を始めてからここまで、わずか数ヵ月の出来事だ。

その後、彼は生活を改め、仕事をかけ持ちするなどして懸命に借金返済に努めた。しかし、カードローンや消費者金融の金利は高い。一年経っても元本はほとんど減らなかった。無理がたたり体を壊した彼は、債務整理すべく専門家

投資初心者心得

1. 投資は余裕資金で行なうこと

2. 借金してまで投資をしてはいけない

3. 信用取引に手を出してはいけない

4. 基本を身に付けるまでは大きな金額で売買してはいけない

に助けを求めた。投資による借金は原則として自己破産が認められないが、彼の場合、裁判所の判断により自己破産することができたのはせめてもの救いであった。投資の失敗で多額の借金を背負い、精神的に追い詰められて自ら命を絶つ人も実際にいるのだ。

特に投資初心者にとっては、この事例から学ぶべきことは非常に多い。投資は、〝余裕資金〟で行なうべきだということ。ましてや、借金して投資を行なうことなど危険極まりないこと。初心者が信用取引に手を出すべきではないこと。投資の基本的な知識や技術を身に付けるまでは大きな金額で売買しないこと、などだ。いずれも投資の世界では常識と言える基本的なことばかりだが、ぜひ心掛けていただきたい。

そして、この男性のケースはそれ以前の問題にはなるが、やはり短期投資で利益を上げるのは難しく、判断を誤れば地獄への近道になりかねないということだ。ローマは一日にして成らず。焦らずじっくり時間をかけて成果を目指すのが王道だ。

激動の時期こそ資産を大きく殖やすチャンス！

二〇二二年は、世界にとって歴史的転換点と呼ぶべき年であった。脱コロナに伴う経済活動の再開、ロシアによるウクライナ侵攻などにより、世界的にインフレが高進し、ＦＲＢ（米連邦準備制度理事会）をはじめ各国中央銀行が急ピッチで利上げを進めた。その結果、株式および債券相場は崩れ、金利を上げられない日本との金利差から歴史的なペースで円安が進行した。日本の財政はすでにほぼ再建不可能という末期状態にあり、いよいよ国家破産に向けた激動の時代に突入することになる。

このような激動の時期は、その巨大トレンドを逆手にとって資産を大きく殖やすチャンスにもなる。私は、これから日本に到来するであろう困難な時代に、このようなめったにないチャンスは大いに活かすべきと考えている。特に、私が発信する経済トレンドの情報に重大な関心を寄せ、またそれを活かしたいと考える読者の方や会員制クラブの会員の方には、この大チャンスをうまくつかんでいただきたい。

ただ、そのためには、幅広い投資対象への投資方法やそのタイミング、さらには自己判断の助けとなる有用な情報の提供を、なるべくその方に合った形で行なうことが必要となる。

そこで、今まで私が主宰してきた会員制クラブのノウハウも活用しつつ、個別の会員の方に合わせた情報提供を行なう特別な会員制クラブ『投資の王様』を立ち上げることを決意した。現時点では確定ではないが、クラブの提供サービスや特長、運営体制などの骨子はほぼ固まっている。本書の最後に、この『投資の王様』がどのようなクラブになるのか、サービス内容を紹介しよう。

究極の総合投資アドバイザーサービス『投資の王様』

まず、『投資の王様』の一番の特長は、手厚いサービスだ。経験豊富な専任担当者が付き、会員個々人に合わせた個別の助言・指導を行なう。限られたスタッフでこのような手厚いサービスを多数の会員に提供することは難しい。そのためこのクラブは、少人数限定（定員八名）となる。少人数限定のため、マンツーマンに近い懇切丁寧なサービスを受けられるのがメリットだ。

個々の会員の個性や資産内容に合わせた、一番良い投資戦略を提案する。専任担当者は、言わば資産運用に関する家庭教師のような存在で、会員は気兼ねなく何なりと相談できる。

私は資産運用に関する情報提供および投資助言を行なう会員制クラブをいくつか主宰しノウハウを蓄積しているが、『投資の王様』の会員は海外ファンドの助言・情報提供を行なう『プラチナクラブ』のサービスを受けることができる。『投資の王様』では、現物株式（国内・海外）、海外ファンド、為替取引、不動産、現物資産（金《きん》、ダイヤモンド）など様々な投資について、幅広く助言サービスの対象とし、中長期（五〜一〇年）で大きな利益（個別の投資案件では三〜一〇〇倍、資産全体では五〜一〇倍）を稼ぐことを目標にする。時間をかけるとはいえ、それなりに高いリターンを目指すわけだから投資方法にも工夫がいる。特に重点を置くのは、なるべく安値で買う工夫だ。たとえるなら、「赤ワインをじっくり熟成させるような、安定感のある投資方法」を考えている。

現物株については、日本株、米国株はもちろん中国株についても情報提供する予定だ。株式市場は二〇二五年前後に暴落する可能性が高いと見ている。それまでは原則として個別銘柄への投資は控え、その暴落が訪れるまでひたすら待つ。投資する銘柄については、中長期保有（最低でも二、三年）を基本とする。もちろん、その売買タイミングについても会員に助言する。

為替取引については、海外口座や国内の外貨預金における、円転、ドル転のタイミングを助言する。現時点（二〇二三年四月）で言えば、一ドル＝一三〇円割れはドル転の好機と言えるだろう。前出の川上明氏の分析によると、早ければ二〇二四年、遅くとも二〇二五年（つまり来年か再来年）には一ドル＝二〇〇円まで円安が進む可能性があるという。日本の財政リスクが深刻化するにつれ、ドル／円相場は大きく上下を繰り返しつつ、円安方向へとシフトして行くことになるだろう。

不動産については、五～一〇年に一度の大きな売買タイミングや不動産にまつわる耳寄りな情報を提供する。不動産市場についても、やはり二〇二五年頃に大きな波乱が予想される。海外不動産市場はすでに調整しつつあり、中でもニュージーランドなどは狙い目だ。

金《きん》（ゴールド）、ダイヤモンドについても助言を行なう。金《きん》とダイヤは、他の金融商品とはやや異なる値動きをする。「有事の金《きん》」と言われるように、戦争や金融危機などに強い傾向がある。ただし危機が起きた途端、条件反射的に値上がりするような単純なものではない。逆に、危機の声を聞いた途端に急落することも珍しくない。金《きん》には独特の値動きのクセのようなものがあり、株式や債券、為替を含めた市場全体の状況を見て判断する必要がある。また、ダイヤについては閉ざされた市場で価格が決まるため、一般の人には相場の動向を知ることさえ容易ではない。そのような特徴のある金《きん》とダイヤを、なるべく安く買うタイミングについて助言を行なう。

また、「ＬＩＮＥ」などの通信アプリを使い、経済に関する様々な耳寄り情報を私がボイスメッセージにて会員に直接お伝えする予定だ。

実は、私が経営する第二海援隊の社屋には、「ＤＫＴトランクＢＯＸ」という貸しスペースがあり、会員限定で有料にてお貸ししている。弊社が入居するビルは高台の強固な地盤の上にあり、地震の揺れを吸収する制震構造で地震に強く、バックアップ発電機を備えているため大規模停電にも対応できる。ビル一階入り口には二四時間複数の警備員が詰めており、異変があればすぐに駆け付けてくれる。さらに事務所内にも、数台のカメラを含む厳重なセキュリティシステムを配備している。大切なものを保管するのに打って付けのスペースになっている。『投資の王様』の会員は、この「ＤＫＴトランクＢＯＸ」を二個まで無料で利用することができる。

その他、資産運用、資産保全、国家破産対策、税務関連など、可能な限りあらゆる相談をお受けする。

激動の時代には、軍師とも言うべき有能なアドバイザーを味方に付けることができるかが生き残りのカギを握る。第二海援隊グループで培《つちか》った、あらゆる投資・運用ノウハウをフル活用して始動する『投資の王様』は、困難な時代を生き抜く究極のアドバイザーとして大きな支えになるはずだ。

『投資の王様』は、現時点では始動予定の段階ではあるが、早急に提供体制を確立できる状態となっている。これからの「大チャンス」を活用する投資に関心があり、サービスを受けてみたいという方は、ぜひお問い合わせをいただきたい（詳細は巻末二三一ページ参照）。

エピローグ

一年に一度のアイデアの創出と暴落のタイミングの見極め

ウォーレン・バフェットは、「アニマルスピリッツ」という言葉が大好きだ。それは、彼が愛読するケインズの『雇用・利子および貨幣の一般理論』の中に出てくる「企業がアニマルスピリッツを失えば死滅する」という警告に由来している。

この言葉の持つ意味は、重大かつ貴重だ。私たちの日本への警告と言ってもよい。バブル崩壊後三〇年以上経って、いまやこの日本はかつての輝きを失い、個人所得はシンガポールに抜かれ、もはや先進国ではないと揶揄《やゆ》されている。

しかも、企業にも経営者にも、そのアニマルスピリッツは失われつつある。アニマルスピリッツとは、「果敢に挑みかかる動物的貪欲さとどう猛さ」と言ってよいだろう。とりわけ、マーケットで投資活動を行なう際にはその精神は必要だ。しかも、自らのやり方が間違っている時は勇気を持ってこれまでの考え方・ノウハウ・戦略を大いに否定し、本物を受け入れる度量が必要だろう。

あなたもこのアニマルスピリッツを自らのものとし、良い意味の〝どう猛さ〟と〝思慮深さ〟を身に付けて、一年に一度のアイデアの創出と滅多にない暴落のタイミングのみの株の買いを実行していただいて、第二のバフェット、第二のウェシュラーとなってほしい。それを実現するための手伝いをすることが、本書の目的である。

そしてもし、あなたが大きな資金を手に入れたなら、その一割でいいので世の中の困っている人々のために使ってほしい。そうすれば、あなたの「アニマルスピリッツ」はさらに素晴らしいものとなるだろう。

二〇二三年六月吉日

浅井　隆

■今後、『国家破産ではなく国民破産だ！〈上〉〈下〉』（すべて仮題）を順次出版予定です。ご期待下さい。

浅井隆からの重要なお知らせ
——恐慌および国家破産を勝ち残るための具体的ノウハウ

緊急開催!! チャンス到来中の株式投資の習熟セミナー

◆「株でがっちり儲ける極意」株緊急セミナー(入門編)

コロナ禍の収束と共に、日本株が大きく上昇しています。世界株式から出遅れた感のあった日本株に注目が集まっているためです。そして一方では、最近急スピードで上昇した株価が大きく調整する可能性もささやかれています。実はこの真逆の様なトレンドのいずれもが、株式投資においてはこの上ないチャンスとなり得るのです。これを活かさない手はありません。

しかし一方、株投資の知識がなく、また取引の勘所がつかめないために、多くの投資家が成果を上げることができていません。そこで今回、株式の基本知識からがっちり儲ける勘所、株投資の戦術のヒントまでを紹介する特別セミナーを開催します。今回は特別に、チャートの専門家として高名な川上明先生もお呼びして極意を伝達する予定です。入門者からセミプロまで奮ってご参加ください。

開催日　一回目　二〇二三年八月三一日（木）
　　　　二回目　二〇二三年九月二六日（火）（二回とも同じ内容です）
時間　一三時〜一七時の四時間弱
会費　三〇〇〇円（実費：チャート代、資料代）
定員　六〇名　会場　第二海援隊隣接セミナールーム
※いずれの回も、浅井隆は登壇しません
■詳しいお問い合わせは「㈱日本インベストメント・リサーチ」
TEL：〇三（三二九一）七二九一　FAX：〇三（三二九一）七二九二
Eメール：info@nihoninvest.co.jp

◆「本当の儲け方を伝授する」株集中セミナー（実践編）

三回連続の集中セミナーでは、株で大きく儲けるための基礎知識、鉄則、トレンドの理解、チャートの読み方を懇切丁寧に指導し、皆様の投資技術の修得を目指します。毎回高名なチャートの専門家川上明先生に出場いただき、極意を伝授していただきます。また、すぐに実践可能な投資戦術や銘柄選定のヒントなども紹介予定です。この集中セミナーであなたも「本当に儲けられる素晴らしい投資家」に変貌してください。前出の特別セミナー（入門編）と違いかなり本格的な内容です。ご期待下さい。

開催日　三回連続　第一回目　二〇二三年九月三〇日（土）
第二回目　二〇二三年一〇月二八日（土）
第三回目　二〇二三年一一月二五日（土）

時間　一二時～一六時半の四時間強　　会費　一二万八〇〇〇円（三回分）

定員　六〇名　　会場　第二海援隊隣接セミナールーム

※いずれの回も、浅井隆は登壇しません

■詳しいお問い合わせは「㈱日本インベストメント・リサーチ」

TEL：〇三（三二九一）七二九一　FAX：〇三（三二九一）七二九二

Eメール：info@nihoninvest.co.jp

今までにない唯一無二の会員制クラブ「投資の王様」へのお誘い

「投資の神様」ウォーレン・バフェットは、伝統的投資対象でありかつプロ・アマを問わず非常に多くの投資家が取り組む株式投資において、数十年もの間トップを走り続けている伝説的な投資家です。

彼の投資哲学はいたってシンプルで、その投資技術も奇をてらったものではないのですが、しかし多くの人が彼のアイデアを模倣するものの、彼ほどの圧倒的な結果を残すには至っていません。逆に言えば、シンプルな投資哲学を誰よりも徹底して実践するからこそ圧倒的な結果を残し、唯一無二の「神様」と呼ばれるのかもしれません。

投資の世界は、誰もがバフェットのような大成功を収められるような甘い世界ではありません。しかし、誰かと競い、打ち勝ってナンバーワンとなることが必要な世界でもありません。また、人と比べたり、人より秀でたりすることも必要ありません。投資家（特に個人投資家）にとって本当に重要なことは、「投資の勝者」ではなく「投資の成功者」になることです。戦国の乱世のごとく日々勝負が繰り広げられる投資の世界において、勝ち残り続けて唯一無二の「殿上人」や「神様」になることは至難ですが、歴戦を生き残り「一国一城の主」すなわち「王様」であり続けることは可能です。そして、それが目指すべき「投資の成功者」のありようでもあります。「投資の成功者」とは、別の表現をするなら投資の乱世を生き残れる「投資の王様」になるということです。

二〇二〇年から三年強にわたった新型コロナウイルスの世界的流行と収束を通じて、世界はこれまでとはまったく異なるトレンドに突入しました。高インフレ・高金利、そしてロシアのウクライナ侵攻に代表される世界秩序の変貌と不確実性の高まりは、激動の時代を予感させるものであり、人々の不安を大いにかき立てるものです。しかしながら、実は投資を行なうにおいては、こうした不安な時代に生じる「変化の増大」こそ大いなるチャンスとなります。たとえ少ない軍資金からでも、大きな資産を築くことが相対的に容易となるためです。「投資の王様」を目指すのに、格好の時代が到来しつつあるのです。

さて、ではいかにして「投資の王様」を目指すのがよいのでしょうか。投資には様々なスタイルがあり、人によって向き、不向きがあります。超短期から超長期まで取り組む時間軸も様々、さらに投資対象も株式から先物・オプション、債券、不動産、為替、海外ファンド、さらには現物資産まで実に多岐にわたります。それぞれの投資方法に特性や利点、さらに注意すべき点があり、得意とする局面や弱みなども異なってきます。

これらをすべて網羅し、自身に合った投資スタイルに基づいて適切なタイミングで投資を行なうことができれば、たとえ実際の投資回数がそれほど多くなくとも、十分に「投資の王様」になることはできるでしょう。ただ、それは容易な道ではありません。それぞれの投資のルールを覚え、取引のコツや技術、作戦を習得し、自分なりの勝ち方を確立するわけですから、一筋縄で行かないのは当然です。

そこで今回、本当に「投資の王様」を目指したい方に向けて、「第二海援隊グループ」の「日本インベストメント・リサーチ」が持てるノウハウを駆使し、さらに浅井隆の厳選情報も提供して「投資の王様」への道を全面的にサポートする、小人数限定の会員制クラブ『投資の王様』の発足を計画しました。その内容を一言で要約すると、「今までにない唯一無二の特別なクラブ」です。ここで簡単に概要を紹介します。

まず『投資の王様』の最大の特長は、今までにない丁寧できめ細やかなサービス提供にあります。投資助言経験および自身の投資経験も豊富な当社の専任スタッフが、会員様お一人おひとりに付き、「専属トレーナー」あるいは「専属軍師」のように投資の成功への道をサポートします。今まで取り組んだことのない投資についても、基本的な知識から取引方法、テクニックに至るまで懇切丁寧に指導します。

また、助言対象も多岐にわたります。株式、不動産、為替、海外ファンドから現物資産や暗号通貨など最新の投資に至るまで、幅広い投資対象を活用して行きます。投資スタンスは、バフェットにならい長期投資を基本スタンスとします。数年に一度のような重要なタイミングに的を絞り、目先の小幅な利益ではなく長期的にしっかりとした利益を獲得することを目指します。ただ一方で、株価暴落などの相場急変局面では高確度の短期収益機会が到来することもあります。こうしたタイミングでは、機動性の高い投資戦術も活用し、収益の極大化を図って行きます。

さらに、「日本インベストメント・リサーチ」が長年取り組んできた海外ファンドについても、これまでにはない独自の投資方法で長期のみならず比較的短期の収益機会の獲得を狙って行きます。不動産や金《きん》、ダイヤモンドといった、金融市場とは異なる値動きを見せる資産についても、その市場動向から中長期視点での耳寄り情報を提供します。そして、独自の相場観と投資に対する総合的な分析・判断力を養っていただくべく、浅井隆が経済に関する様々な注目情報をスマホ・アプリを通じてタイムリーに直接お届けするという、今までにないサービスも提供を予定しています。

「自分なりの投資の成功を本気で目指したい」という方には、まさに打って付けのクラブになると自負しております。ご関心がおありの方は、ぜひとも『投資の王様』のご活用をご検討ください。

詳しいお問い合わせは「㈱日本インベストメント・リサーチ」

ＴＥＬ：〇三（三二九一）七二九一　ＦＡＸ：〇三（三二九一）七二九二

Ｅメール：info@nihonivest.co.jp

恐慌・国家破産への実践的な対策を伝授する会員制クラブ

私が以前から警告していた通り、いまや世界は歴史上最大最悪の約三京円という額の借金を抱え、それが新型コロナをきっかけとして二～三年以内に大逆回転しそうな情勢です。中でも日本国政府の借金は先進国中最悪で、この国はいつ破産してもおかしくない状況です。そんな中、あなたと家族の生活を守るためには、二つの情報収集が欠かせません。

一つは「国内外の経済情勢」に関する情報収集、もう一つは国家破産対策としての「海外ファンド」や「海外の銀行口座」に関する情報収集です。これらについては、新聞やテレビなどのメディアやインターネットでの情報収集だけでは十分とは言えません。私はかつて新聞社に勤務し、以前はテレビに出演をしたこともありますが、その経験から言えることは「新聞は参考情報。テレビはあくまでショー（エンターテインメント）」だということです。インターネットも含め、誰もが簡単に入手できる情報でこれからの激動の時代を生き残って行くことはできません。

皆さんにとって、最も大切なこの二つの情報収集には、第二海援隊グループ（代表：浅井隆）が提供する特殊な情報と具体的なノウハウをぜひご活用下さい。

◆「自分年金クラブ」「ロイヤル資産クラブ」「プラチナクラブ」

国家破産対策を本格的に実践したい方にぜひお勧めしたいのが、第二海援隊の一〇〇％子会社「株式会社日本インベストメント・リサーチ」（関東財務局長（金商）第九二六号）が運営する三つの会員制クラブ（**「自分年金クラブ」「ロイヤル資産クラブ」「プラチナクラブ」**）です。

まず、この三つのクラブについて簡単にご紹介しましょう。**「自分年金クラブ」**は資産一〇〇〇万～数千万円程度の方向け、**「ロイヤル資産クラブ」**は資産一億円以上の方向け（ご入会条件は資産五〇〇〇万円以上）で、それぞれの資産規模に応じた魅力的な海外ファンドの銘柄情報や、国内外の金融機関の活用法に関する情報を提供しています。

恐慌・国家破産は、何と言っても海外ファンドや海外口座といった「海外の活用」が極めて有効な対策となります。特に海外ファンドについては、私たちは早くからその有効性に注目し、二〇年以上にわたって世界中の銘柄を調査してまいりました。本物の実力を持つ海外ファンドの中には、恐慌や国家破産といった有事に実力を発揮するのみならず、平時には資産運用としても魅力的なパフォーマンスを示すものがあります。こうした情報を厳選してお届けするのが、三つの会員制クラブの最大の特長です。

その一例をご紹介しましょう。三クラブ共通で情報提供する「ATファンド」は、年率五～七％程度の収益を安定的に挙げています。これは、たとえば年率七％なら三〇〇万円を預けると毎年約二〇万円の収益を複利で得られ、およそ一〇年で資産が二倍になる計算となります。しかもこのファンドは、二〇一四年の運用開始から一度もマイナスを計上したことがないという、極めて優秀な運用実績を残しています。日本国内の投資信託などではとても信じられない数字ですが、世界中を見渡せばこうした優れた銘柄はまだまだあるのです。

冒頭にご紹介した三つのクラブでは、「ATファンド」をはじめとしてより高い収益力が期待できる銘柄や、恐慌などの有事により強い力を期待できる銘柄など、様々な魅力を持ったファンド情報をお届けしています。なお、資産規模が大きいクラブほど、取り扱い銘柄数も多くなっております。

また、ファンドだけでなく金融機関選びも極めて重要です。単に有事にも耐え得る高い信頼性というだけでなく、各種手数料の優遇や有利な金利が設定されている、日本に居ながらにして海外の市場と取引ができるなど、金融機関も様々な特長を持っています。こうした中から、各クラブでは資産規模に適した、魅力的な条件を持つ国内外の金融機関に関する情報を提供し、またその活用方法についてもアドバイスしています。

その他、国内外の金融ルールや国内税制などに関する情報など資産防衛に有用な様々な情報を発信、会員の皆さんの資産に関するご相談にもお応えしております。浅井隆が長年研究・実践してきた国家破産対策のノウハウを、ぜひあなたの大切な資産防衛にお役立て下さい。

■詳しいお問い合わせは「㈱日本インベストメント・リサーチ」
TEL：〇三（三二九一）七二九一　FAX：〇三（三二九一）七二九二
Eメール：info@nihoninvest.co.jp

株で資産を作れる時代がやってきた！“四つの株投資クラブ”のご案内

一、「㊙株情報クラブ」

「㊙株情報クラブ」は、普通なかなか入手困難な日経平均の大きなトレンド、現物個別銘柄についての特殊な情報を少人数限定の会員制で提供するものです。しかも、「ゴールド」と「シルバー」の二つの会があります。目標は、提供した情報の八割が予想通りの結果を生み、会員の皆さんの資産が中長期的に大きく殖えることとです。そのために、日経平均については著名な「カギ足」アナリストの川上明氏が開発した「T1システム」による情報提供を行ないます。川上氏はこれまでも多くの日経平均の大転換を当てていますので、これからも当クラブに入会された方の大きな力になると思います。

また、その他の現物株（個別銘柄）については短期と中長期の二種類にわけて情報提供を行ないます。短期については川上明氏開発の「T14」「T16」という二つのシステムにより日本の上場銘柄をすべて追跡・監視し、特殊な買いサインが出ると即買いの情報を提供いたします。そして、買った値段から一〇％

上昇したら即売却していただき、利益を確定します。この「T14」「T16」は、これまでのところ当たった実績が九八%という驚異的なものとなっております（二〇一五年一月～二〇二〇年六月におけるシミュレーション）。

さらに中長期的銘柄としては、浅井の特殊な人脈数人および第二海援隊の一〇〇%子会社である㈱日本インベストメント・リサーチの専任スタッフが選び抜いた日・米・中三ヵ国の成長銘柄を情報提供いたします。特に、スイス在住の市場分析・研究家、吉田耕太郎氏の銘柄選びには定評があります。参考までに、吉田氏が選んだ三つの過去の銘柄の実績を挙げておきます（「㊙株情報クラブ」発足時の情報です）。

まず一番目は、二〇一三年に吉田氏が推奨した「フェイスブック」（現「メタ」）。当時二七ドルでしたが、それが三〇〇ドル超になっています。つまり、七～八年で一〇倍というすさまじい成績を残しています。二番目の銘柄としては、「エヌビディア」です。こちらは二〇一七年、一〇〇ドルの時に推奨し、六〇〇ドル超となっていますので、四年で六倍以上です。さらに三番目の銘柄の

「アマゾン」ですが、二〇一六年、七〇〇ドルの時に推奨し、三二〇〇ドル超です。こちらは五年で四・五倍です。こういった銘柄を中長期的に持つということは、皆さんの財産形成において大きく資産を殖やせるものと思われます。

そこで、「ゴールド」と「シルバー」の違いを説明いたしますと、「ゴールド」は小さな銘柄も含めて年四～八銘柄を皆さんに推奨する予定です。これはあくまでも目標で年平均なので、多い年と少ない年があるのはご了承下さい。「シルバー」に関しては、小さな銘柄（売買が少なかったり、上場されてはいるが出来高が非常に少ないだけではなく時価総額も少なくてちょっとしたお金でも株価が大きく動く銘柄）は情報提供をいたしません。これは、情報提供をするとそれだけで上がる危険性があるためです（「ゴールド」は人数が少ないので小さな銘柄も情報提供いたします）。そのため、「シルバー」の推奨銘柄は年三～六銘柄と少なくなっております。

「ゴールド」はまさに少人数限定二〇名のみ、「シルバー」も六〇名限定となっております。「シルバー」は二次募集をする可能性もあります。

クラブは二〇二一年六月よりサービスを開始しており、すでに会員の皆さんへ有用な情報をお届けしております。

なお、二〇二一年六月二六日に無料説明会（「㊙株情報クラブ」「ボロ株クラブ」合同）を第二海援隊隣接セミナールームにて開催いたしました。その時のCDを二〇〇〇円（送料込み）にてお送りしますのでお問い合わせ下さい。

皆さんの資産を大きく殖やすという目的のこの二つのクラブは、皆さんに大変有益な情報提供ができると確信しております。奮ってご参加下さい。

■お問い合わせ先：㈱日本インベストメント・リサーチ「㊙株情報クラブ」
TEL：〇三（三二九一）七二九一　FAX：〇三（三二九一）七二九二
Eメール：info@nihoninvest.co.jp

二、「ボロ株クラブ」

「ボロ株」とは、主に株価が一〇〇円以下の銘柄を指します。何らかの理由で売り叩かれ、投資家から相手にされなくなった〝わけアリ〟の銘柄もたくさんあり、証券会社の営業マンがお勧めすることもありませんが、私たちはそこにこそ収益機会があると確信しています。

過去一〇年、〝株〟と聞くと多くの方は成長の著しいアメリカのＩＣＴ（情報通信技術）関連の銘柄を思い浮かべるのではないでしょうか。アップルやＦＡＮＧ（フェイスブック〈現「メタ」〉、アマゾン、ネットフリックス、グーグル）、さらには大手ＥＶメーカーのテスラといったＩＣＴ銘柄の騰勢は目を見張るほどでした。しかし、こうした銘柄はボラティリティが高くよほどの〝腕〟が求められることでしょう。

「人の行く裏に道あり花の山」という相場の格言があります。「人はとかく群集心理で動きがちだ。いわゆる付和雷同である。ところが、それでは大きな成功は得られない。むしろ他人とは反対のことをやった方が、うまく行く場合が多い」とこの格言は説いています。すなわち、私たちはなかば見捨てられた銘柄にこそ大きなチャンスが眠っていると考えています。実際、「ボロ株」はしばしば大化けします。事実として先に開設されている「日米成長株投資クラブ」

で情報提供した低位株（「ボロ株」を含む株価五〇〇〇円以下の銘柄）は、二〇一九～二〇年に多くの実績を残しました。

もちろん、やみくもに「ボロ株」を推奨して行くということではありません。弊社が懇意にしている「カギ足」アナリスト川上明氏の分析を中心に、さらには同氏が開発した自動売買判断システム「ＫＡＩ─解─」からの情報も取り入れ、短中長期すべてをカバーしたお勧めの取引（銘柄）をご紹介します。

構想から開発までに十数年を要した「ＫＡＩ」には、すでに多くの判断システムが組み込まれていますが、「ボロ株クラブ」ではその中から「Ｔ８」というシステムによる情報を取り入れています。Ｔ８の戦略を端的に説明しますと、「ある銘柄が急騰し、その後に反落、そしてさらにその後のリバウンド（反騰）を狙う」となります。

川上氏のより具体的な説明を加えましょう――「ある銘柄が急騰すると、利益確定に押され急落する局面が往々にしてあるが、出遅れ組の押し目が入りやすい。すなわち、急騰から反落の際には一度目の急騰の際に買い逃した投資家の買いが入りやすい」。過去の傾向からしても、およそ七割の確率でさらなるリバウンドが期待できるとのことです。そして、リバウンド相場は早く動くことが多いため、投資効率が良くデイトレーダーなどの個人投資家にとっては打って付けの戦略と言えます。川上氏は、生え抜きのエンジニアと一緒に一九九〇～二〇一四年末までのデータを使ってパラメータ（変数）を決定し、二〇一五年一月四日～二〇二〇年五月二〇日までの期間で模擬売買しています。すると、勝率八割以上という成績になりました。一銘柄ごとの平均リターンは約五％強ですが、「ボロ株クラブ」では、「T８」の判断を元に複数の銘柄を取引することで目標年率二〇％以上を目指します。

これら情報を複合的に活用することで、年率四〇％も可能だと考えています。年会費も第二海援隊グループの会員の皆さんにはそれぞれ割引サービスをご用意しております。詳しくは、お問い合わせ下さい。また、「ボロ株」の「時価総額や出来高が少ない」という性質上、無制限に会員様を募ることができません。一〇〇名を募集上限（第一次募集）とします。

■お問い合わせ先：㈱日本インベストメント・リサーチ「ボロ株クラブ」
TEL：〇三（三二九一）七二九一　　FAX：〇三（三二九一）七二九二
Eメール：info@nihoninvest.co.jp

三、「日米成長株投資クラブ」

世界経済の潮流は、「低インフレ・低金利」から「高インフレ・高金利」に大きく様変わりしました。資産の防衛・運用においても、長期的なインフレ局面に則した考え方、取り組みが必要となります。

端的に言えば、インフレでは通貨価値が減少するため、現金や預金で資産を持つのは最悪手となります。リスクを取って、積極的な投資行動に打って出ることが極めて有効かつ重要となります。中でも、「株式投資」は誰にでも取り組みやすく、しかもやり方次第では非常に大きな成果を挙げ、資産を増大させることが可能です。

浅井隆は、インフレ時代の到来と株式投資の有効性に着目し、インフレトレンドが本格化する前の二〇一八年、「日米成長株投資クラブ」を立ち上げ、株式に関する情報提供、助言を行なってきました。クラブの狙いは、株式投資に特化しつつも経済トレンドの変化にも対応するという、他にはないユニークな情報を提供する点です。現代最高の投資家であるウォーレン・バフェット氏とジョージ・ソロス氏の投資哲学を参考として、割安な株、成長期待の高い株を見極め、じっくり保有するバフェット的発想と、経済トレンドを見据えた大局観の投資判断を行なって行くソロス的手法を両立することで、大激動を逆手に取り、「一〇年後に資産一〇倍」を目指します。

経済トレンド分析には、私が長年信頼するテクニカル分析の専門家、川上明氏による「カギ足分析」を主軸としつつ、長年多角的に経済トレンドの分析を行なってきた浅井隆の知見も融合して行きます。川上氏のチャート分析は極めて強力で、たとえば日経平均では三三年間で約七割の驚異的な勝率を叩き出しています。

また、個別銘柄については発足から二〇二三年一月までに延べ五〇銘柄程度を情報提供してきましたが、多くの銘柄で良好な成績を残し、会員の皆さんに収益機会となる情報をお届けすることができました。これらの銘柄の中には、低位小型株から比較的大型のものまで含まれており、中には短期的に連日ストップ高を記録し数倍に大化けしたものもあります。

会員の皆さんには、こうした情報を十分に活用していただき、当クラブにて大激動をチャンスに変えて大いに資産形成を成功させていただきたいと考えております。ぜひこの機会を逃さずにお問い合わせ下さい。サービス内容は以下の通りです。

1. 浅井隆、川上明氏（テクニカル分析専門家）が厳選する国内の有望銘柄の情報提供
2. 株価暴落の予兆を分析し、株式売却タイミングを速報
3. 日経平均先物、国債先物、為替先物の売り転換、買い転換タイミングを速報
4. バフェット的発想による、日米の超有望成長株銘柄を情報提供

詳しいお問い合わせは「㈱日本インベストメント・リサーチ」
TEL：〇三（三二九一）七二九一　FAX：〇三（三二九一）七二九二
Eメール：info@nihoninvest.co.jp

四、「オプション研究会」

二〇二二年二月、突如として勃発したロシアのウクライナ侵攻によって、冷戦終結から保たれてきた平和秩序は打ち破られ、世界はまったく新しい局面を迎えました。これから到来する時代は、「平和と繁栄」から「闘争と淘汰」という厳しいものになるかもしれません。そして、天文学的債務を抱える日本においては、財政破綻、徳政令、株価暴落といった経済パニックや、台湾有事など地政学的なリスク、さらには東南海地震や首都直下地震などの天災など、様々な激動に見舞われるでしょう。

もちろん、こうした激動の時代には大切な資産も大きなダメージを受けることになります。一見すると絶望的にも思われますが、実は考え方を変えれば

「激動の時代＝千載一遇の投資のチャンス」にもなるのです。そして、それを実現するための極めて有効な投資の一つが「オプション取引」なのです。

「オプション取引」は、株式などの一般的な取引とは異なり、短期的な市場の動きに大きく反応し、元本の数十〜一〇〇〇倍以上もの利益を生み出すこともあるものです。そうした大きな収益機会を、「買い建て」のみで取り組むことで、損失リスクを限定しながらつかむことができるのです。激動の時代には市場も大きく揺れ動き、「オプション取引」においても前述したような巨大な収益機会がたびたび生まれることになります。もちろん、市場が暴落した時のみならず、急落から一転して大反騰した時にもそうしたチャンスが発生し、それを活用することができます。市場の上げ、下げいずれもがチャンスとなるわけです。

「オプション取引」の重要なポイントを今一度まとめます。

・非常に短期（数日〜一週間程度）で、数十倍〜数百倍の利益を上げることも可能

・しかし、「買い建て」取引のみに限定すれば、損失は投資額に限定できる

・恐慌、国家破産などで市場が大荒れするほどに収益機会が広がる
・最低投資額は一〇〇〇円（取引手数料は別途）
・株やFXと異なり、注目すべき銘柄は基本的に「日経平均株価」の動きのみ
・給与や年金とは分離して課税される（税率約二〇％）

こうした極めて魅力的な特長を持つ「オプション取引」ですが、これを活用するにはオプションとその取引方法に習熟することが必須となります。オプションの知識習得と、パソコンやスマホによる取引操作の習熟が大きなカギですが、「オプション取引」はこれらの労を割くに値するだけの強力な「武器」になり得ます。

もし、これからの激動期を「オプション取引」で挑んでみたいとお考えであれば、第二海援隊グループがその習熟を「情報」と「助言」で強力に支援いたします。二〇一八年一〇月に発足した「オプション研究会」では、「オプション取引」はおろか株式投資など他の投資経験もないという方にも、道具の揃え方から基本知識の伝授、投資の心構え、市況変化に対する考え方や収益機会のと

らえ方など、初歩的な事柄から実践に至るまで懇切丁寧に指導いたします。

また二〇二一年秋には収益獲得のための新たな戦略「三〇％複利戦法」を開発し、会員様への情報提供を開始しました。「オプション取引」は、大きな収益を得られる可能性がある反面、収益局面を当てるのが難しいという傾向がありますが、新戦略では利益率を抑える代わりに勝率を上げることを目指していま す。こうした戦略もうまく使うことで、「オプション取引」の面白さを実感していただけることでしょう。これからの「恐慌経由、国家破産」というピンチをチャンスに変えたい方のご入会を心よりお待ちしております。

※なお、オプション研究会のご入会には、「日米成長株投資クラブ」の会員であることが条件となります。また、ご入会時には当社規定に基づく審査がありますす。あらかじめご了承下さい。

「㈱日本インベストメント・リサーチ オプション研究会」担当 山内・稲垣・関

TEL：〇三（三二九一）七二九一　FAX：〇三（三二九一）七二九二

Eメール：info@nihoninvest.co.jp

◆「オプション取引」習熟への近道を知るための「セミナーDVD・CD」発売中

「オプション取引」の習熟を全面支援し、また取引に参考となる市況情報なども提供する「オプション研究会」。その概要を知ることができる「DVD／CD」を用意しています。

■「オプション研究会 無料説明会 受講DVD／CD」■

浅井隆自らがオプション投資の魅力と活用のポイントについて解説し、また専任スタッフによる「オプション研究会」の具体的内容を説明した「オプション研究会 無料説明会」（二〇一八年一二月一五日開催）の模様を収録したDVD／CDです。「浅井隆からのメッセージを直接聞いてみたい」「オプション研究会への理解を深めたい」という方は、ぜひご入手下さい。

「オプション研究会 無料説明会 受講DVD／CD」（約一六〇分）

価格　DVD　三〇〇〇円（送料込）／CD　二〇〇〇円（送料込）

※お申込み確認後、約一〇日で代金引換にてお届けいたします。

■以上、「オプション研究会」、DVD／CDに関するお問い合わせは、
㈱日本インベストメント・リサーチ「オプション研究会」担当：山内・稲垣・関
TEL：〇三（三二九一）七二九一　FAX：〇三（三二九一）七二九二
Eメール：info@nihoninvest.co.jp

厳しい時代を賢く生き残るために必要な情報を収集するために

◆〝恐慌および国家破産対策〟の入口
「経済トレンドレポート」

電子版も好評配信中！

皆さんに特にお勧めしたいのが、浅井隆が取材した特殊な情報をいち早くお届けする「経済トレンドレポート」です。今まで、数多くの経済予測を的中させてきました。そうした特別な経済情報を年三三回（一〇日に一回）発行のレポートでお届けします。初心者や経済情報に慣れていない方にも読みやすい内容で、新聞やインターネットに先立つ情報や、大手マスコミとは異なる切り口

からまとめた情報を掲載しています。
　さらにその中で、恐慌、国家破産に関する『特別緊急警告』『恐慌警報』『国家破産警報』も流しております。「激動の二一世紀を生き残るために対策をしなければならないことは理解したが、何から手を付ければよいかわからない」「経済情報をタイムリーに得たいが、難しい内容には付いて行けない」という方は、最低でもこの経済トレンドレポートをご購読下さい。年間、約三万円で生き残るための情報を得られます。また、経済トレンドレポートの会員になられますと、当社主催の講演会など様々な割引・特典を受けられます。

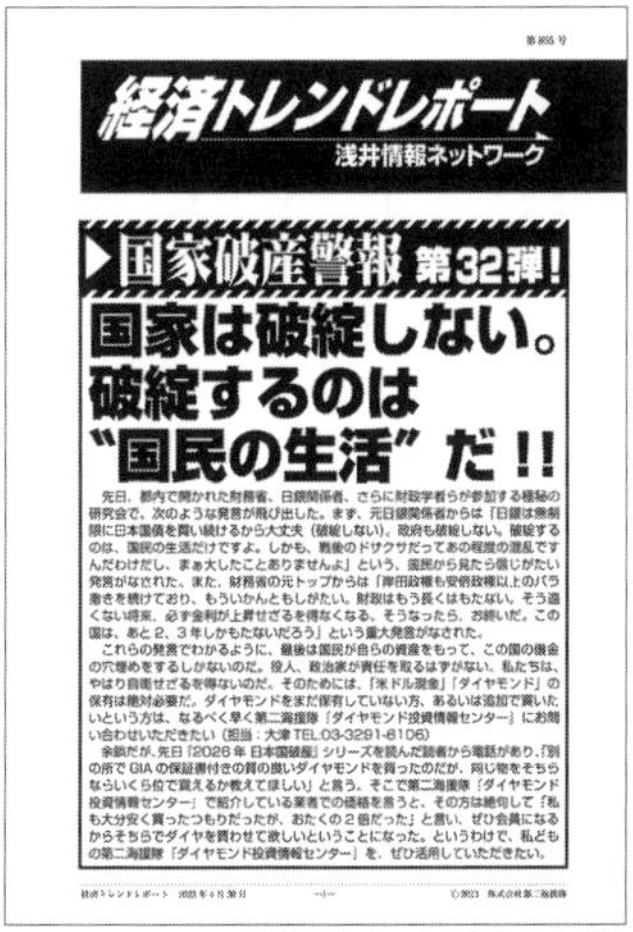

経済トレンドレポート
浅井情報ネットワーク

▶国家破産警報　第32弾！

国家は破綻しない。破綻するのは"国民の生活"だ!!

　先日、都内で開かれた財務省、日銀関係者、さらに財政学者らが参加する極秘の研究会で、次のような発言が飛び出した。まず、元日銀関係者からは「日銀は無制限に日本国債を買い続けるから大丈夫（破綻しない）。政府も破綻しない。破綻するのは、国民の生活だけですよ。しかも、戦後のドサクサだってあの程度の混乱ですんだわけだし、まぁ大したことありませんよ」という、庶民から見たら信じがたい発言がなされた。また、財務省の元トップからは「岸田政権も安倍政権以上のバラ撒きを続けており、もういかんともしがたい。財政はもう長くはもたない。そう遠くない将来、必ず金利が上昇せざるを得なくなる。そうなったら、お終いだ。この国は、あと2、3年しかもたないだろう」という重大発言がなされた。
　これらの発言でわかるように、最後は国民が自らの資産をもって、この国の借金の穴埋めをするしかないのだ。役人、政治家が責任を取るはずがない。私たちは、やはり自衛せざるを得ないのだ。そのためには、「米ドル現金」「ダイヤモンド」の保有は絶対必要だ。ダイヤモンドをまだ保有していない方、あるいは追加で買いたいという方は、なるべく早く第二海援隊「ダイヤモンド投資情報センター」にお問い合わせいただきたい（担当：大津 TEL:03-3291-6106）
　余談だが、先日『2026年 日本国破産』シリーズを読んだ読者から電話があり、「別の所でGIAの保証書付きの質の良いダイヤモンドを買ったのだが、同じ物をそちらならいくら位で買えるか教えてほしい」と言う。そこで第二海援隊「ダイヤモンド投資情報センター」で紹介している業者での価格を言うと、その方は絶句して「私も大分安く買ったつもりだったが、おたくの2倍だった」と言い、ぜひ会員になるからそちらでダイヤを買わせて欲しいということになった。というわけで、私どもの第二海援隊「ダイヤモンド投資情報センター」を、ぜひ活用していただきたい。

2023年4月30日号

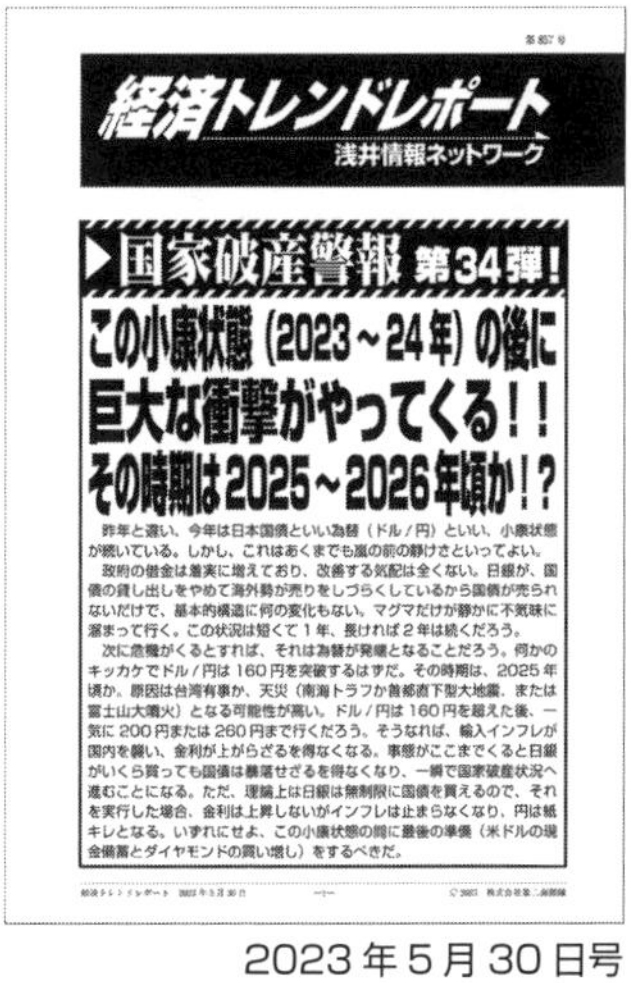

経済トレンドレポート
浅井情報ネットワーク

▶国家破産警報　第34弾！

この小康状態（2023～24年）の後に巨大な衝撃がやってくる！！その時期は2025～2026年頃か！？

　昨年と違い、今年は日本国債といい為替（ドル／円）といい、小康状態が続いている。しかし、これはあくまでも嵐の前の静けさといってよい。
　政府の借金は着実に増えており、改善する気配は全くない。日銀が、国債の貸し出しをやめて海外勢が売りをしづらくしているから国債が売られないだけで、基本的構造に何の変化もない。マグマだけが静かに不気味に溜まって行く。この状況は短くて1年、長ければ2年は続くだろう。
　次に危機がくるとすれば、それは為替が発端となることだろう。何かのキッカケでドル／円は160円を突破するはずだ。その時期は、2025年頃か。原因は台湾有事か、天災（南海トラフか首都直下型大地震、または富士山大噴火）となる可能性が高い。ドル／円は160円を超えた後、一気に200円または260円まで行くだろう。そうなれば、輸入インフレが国内を襲い、金利が上がらざるを得なくなる。事態がここまでくると日銀がいくら買っても国債は暴落せざるを得なくなり、一瞬で国家破産状況へ進むことになる。ただ、理論上は日銀は無制限に国債を買えるので、それを実行した場合、金利は上昇しないがインフレは止まらなくなり、円は紙キレとなる。いずれにせよ、この小康状態の間に最後の準備（米ドルの現金備蓄とダイヤモンドの買い増し）をするべきだ。

2023年5月30日号

「経済トレンドレポート」は情報収集の手始めとしてぜひお読みいただきたい。

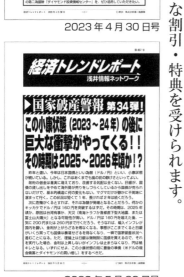

■詳しいお問い合わせ先は、㈱第二海援隊　担当：島﨑
TEL：〇三（三二九一）六一〇六　FAX：〇三（三二九一）六九〇〇
Eメール：info@dainikaientai.co.jp
ホームページアドレス：http://www.dainikaientai.co.jp/

◆浅井隆のナマの声が聞ける講演会

著者・浅井隆の講演会を開催いたします。二〇二三年は大阪・九月二九日（金）、東京・一〇月六日（金）、福岡・一〇月一三日（金）、名古屋・一〇月二〇日（金）で予定しております。経済の最新情報をお伝えすると共に、生き残りの具体的な対策を詳しく、わかりやすく解説いたします。

活字では伝えることのできない、肉声による貴重な情報にご期待下さい。

■詳しいお問い合わせ先は、㈱第二海援隊
TEL：〇三（三二九一）六一〇六　FAX：〇三（三二九一）六九〇〇
Eメール：info@dainikaientai.co.jp

他にも第二海援隊独自の〝特別情報〟をご提供

◆「ダイヤモンド投資情報センター」

現物資産を持つことで資産保全を考える場合、小さくて軽いダイヤモンドは持ち運びも簡単で、大変有効な手段と言えます。近代画壇の巨匠・藤田嗣治は第二次世界大戦後、混乱する世界を渡り歩く際、資産として持っていたダイヤモンドを絵の具のチューブに隠して持ち出し、渡航後の糧にしました。金《きん》（ゴールド）だけの資産防衛では不安という方は、ダイヤモンドを検討するのも一手でしょう。しかし、ダイヤモンドの場合、金《きん》とは違って公的な市場が存在せず、専門の鑑定士がダイヤモンドの品質をそれぞれ一点ずつ評価して値段が決まるため、売り買いは金《きん》に比べるとかなり難しいという事情があります。そのため、信頼できる専門家や取り扱い店と巡り合えるかが、ダイヤモンドでの資産保全の成否のわかれ目です。

そこで、信頼できるルートを確保し業者間価格の数割引という価格での購入が可能で、GIA（米国宝石学会）の鑑定書付きという海外に持ち運んでも適正価格での売却が可能な条件を備えたダイヤモンドの売買ができる情報を提供いたします。

ご関心がある方は「ダイヤモンド投資情報センター」にお問い合わせ下さい。

■お問い合わせ先：㈱第二海援隊　TEL：〇三（三二九一）六一〇六　担当：大津

◆『浅井隆と行くニュージーランド視察ツアー』

南半球の小国でありながら独自の国家戦略を掲げる国、ニュージーランド。ロシアのウクライナ侵攻で世界中が騒然とする中、この国が今、「世界で最も安全な国」として脚光を浴びています。核や自然災害の脅威、資本主義の崩壊に備え、世界中の大富豪がニュージーランドに広大な土地を購入し、サバイバル施設を建設しています。さらに、財産の保全先（相続税、贈与税、キャピタルゲイン課税がありません）、移住先としてもこれ以上の国はないかもしれません。

そのニュージーランドを浅井隆と共に訪問する、「浅井隆と行くニュージーランド視察ツアー」を開催しております（次回は二〇二三年一一月に予定しております）。現地では、浅井の経済最新情報レクチャーもございます。内容の充実した素晴らしいツアーです。ぜひ、ご参加下さい。

■お問い合わせ先：㈱第二海援隊　TEL：〇三（三二九一）六一〇六　担当：大津

◆第二海援隊ホームページ

第二海援隊では様々な情報をインターネット上でも提供しております。詳しくは「第二海援隊ホームページ」をご覧下さい。私ども第二海援隊グループは、皆さんの大切な財産を経済変動や国家破産から守り殖やすためのあらゆる情報提供とお手伝いを全力で行ないます。

また、浅井隆によるコラム「天国と地獄」を連載中です。経済を中心に長期的な視野に立って浅井隆の海外をはじめ現地生取材の様子をレポートするなど、独自の視点からオリジナリティあふれる内容をお届けします。

■ホームページアドレス：http://www.dainikaientai.co.jp/

第二海援隊
HPはこちら

〈参考文献〉

【新聞・通信社】

『日本経済新聞』『朝日新聞』『日刊ゲンダイ』『ブルームバーグ』
『ニューヨーク・タイムズ』

【書籍】

『賢明なる投資家』(ベンジャミン・グレアム著　パンローディング)
『大恐慌の勝者たち』(玉手義朗著　日経 BP 社)
『ビジネスと人生に効く教養としてのチャップリン』(大野裕之著　大和書房)
『マーケットの魔術師』(ジャック・D. シュワッガー著　パンローリング)
『新・マーケットの魔術師』(ジャック・D. シュワッガー著　パンローリング)

【拙著】

『100 万円を 6 か月で 2 億円にする方法』(第二海援隊)
『ボロ株投資で年率 40％も夢じゃない!!』(第二海援隊)
『株は 2 万 2000 円まで上昇し、その後大暴落する!?』(第二海援隊)
『2030 年までに日経平均 10 万円、そして大インフレ襲来!!』(第二海援隊)
『都銀、ゆうちょ、農林中金まで危ない!?』(第二海援隊)
『20 年ほったらかして 1 億円の老後資金を作ろう！』(第二海援隊)
『マイナス金利でも年 12％稼ぐ黄金のノウハウ』(第二海援隊)

【その他】

『ロイヤル資産クラブレポート』『バロンズ拾い読み』『選択』

【ホームページ】

フリー百科事典『ウィキペディア』『金融庁』『クーリエジャポン』
『ウォール・ストリート・ジャーナル』『エコノミスト』『Finatext』
『QUICK Money World』『野村証券』『日経ビジネスオンライン』
『ダイヤモンドオンライン』『THE PAGE』『プレジデントオンライン』
『東洋経済オンライン』『マネックス証券』『SBI 証券』『大和ネクスト銀行』
『京葉銀行』『借金返済の教科書』『コトバンク』

〈著者略歴〉

浅井　隆　（あさい　たかし）

経済ジャーナリスト。1954年東京都生まれ。学生時代から経済・社会問題に強い関心を持ち、早稲田大学政治経済学部在学中に環境問題研究会などを主宰。一方で学習塾の経営を手がけ学生ビジネスとして成功を収めるが、思うところあり、一転、海外放浪の旅に出る。帰国後、同校を中退し毎日新聞社に入社。写真記者として世界を股にかける過酷な勤務をこなす傍ら、経済の猛勉強に励みつつ独自の取材、執筆活動を展開する。現代日本の問題点、矛盾点に鋭いメスを入れる斬新な切り口は多数の月刊誌などで高い評価を受け、特に1990年東京株式市場暴落のナゾに迫る取材では一大センセーションを巻き起こす。

その後、バブル崩壊後の超円高や平成不況の長期化、金融機関の破綻など数々の経済予測を的中させてベストセラーを多発し、1994年に独立。1996年、従来にないまったく新しい形態の21世紀型情報商社「第二海援隊」を設立し、以後約20年、その経営に携わる一方、精力的に執筆・講演活動を続ける。

主な著書：『大不況サバイバル読本』『日本発、世界大恐慌！』（徳間書店）『95年の衝撃』（総合法令出版）『勝ち組の経済学』（小学館文庫）『次にくる波』（PHP研究所）『Human Destiny』（『9・11と金融危機はなぜ起きたか!?〈上〉〈下〉』英訳）『いよいよ政府があなたの財産を奪いにやってくる!?』『徴兵・核武装論〈上〉〈下〉』『最後のバブルそして金融崩壊『国家破産ベネズエラ突撃取材』『都銀、ゆうちょ、農林中金まで危ない!?』『デイトレ・ポンちゃん』『巨大インフレと国家破産』『年金ゼロでやる老後設計』『ボロ株投資で年率40%も夢じゃない!!』『2030年までに日経平均10万円、そして大インフレ襲来!!』『コロナでついに国家破産』『瞬間30%の巨大インフレがもうすぐやってくる!!』『老後資金枯渇』『2022年インフレ大襲来』『2026年日本国破産〈警告編〉』『日本は第2のウクライナとなるのか!?』『極東有事――あなたの町と家族が狙われている！』『2026年日本国破産〈あなたの身に何が起きるか編〉』『オレが香港ドルを暴落させる　ドル/円は150円経由200円へ！』『巨大食糧危機とガソリン200円突破』『2025年の大恐慌』『2026年日本国破産〈現地突撃レポート編〉』『1ドル＝200円時代がやってくる!!』『ドル建て金持ち、円建て貧乏』『2026年日本国破産〈対策編・上〉』『20年ほったらかして1億円の老後資金を作ろう！』『2026年日本国破産〈対策編・下〉』（第二海援隊）など多数。

投資の王様

2023年7月12日　初刷発行

著　者　浅井　隆
発行者　浅井　隆
発行所　株式会社　第二海援隊
〒101-0062
東京都千代田区神田駿河台２-５-１　住友不動産御茶ノ水ファーストビル８Ｆ
電話番号　03-3291-1821　　ＦＡＸ番号　03-3291-1820

印刷・製本／株式会社シナノ

ISBN978-4-86335-234-6

Printed in Japan

第二海援隊発足にあたって

日本は今、重大な転換期にさしかかっています。にもかかわらず、私たちはこの極東の島国の上で独りよがりのパラダイムにどっぷり浸かって、まだ太平の世を謳歌しています。

しかし、世界はもう動き始めています。その意味で、現在の日本はあまりにも「幕末」に似ているのです。ただ、今の日本人には幕末の日本人と比べて、決定的に欠けているものがあります。それこそ、志と理念です。現在の日本は世界一の債権大国（＝金持ち国家）に登り詰めはしましたが、人間の志と資質という点では、貧弱な国家になりはててしまいました。それこそが、最大の危機といえるかもしれません。

そこで私は「二十一世紀の海援隊」の必要性を是非提唱したいのです。今日本に必要なのは、技術でも資本でもありません。志をもって大変革を遂げることのできる人物と、それを支える情報です。まさに、情報こそ〝力〟なのです。そこで私は本物の情報を発信するための「総合情報商社」および「出版社」こそ、今の日本に最も必要と気付き、自らそれを興そうと決心したのです。

しかし、私一人の力では微力です。是非皆様の力をお貸しいただき、二十一世紀の日本のために少しでも前進できますようご支援、ご協力をお願い申し上げる次第です。

浅井　隆